ゆりかごから墓場まで

辛くない子育て
辛くない介護

ゆりかごから墓場まで

三角 大慈

海鳴社

はじめに

「子育て」、「死」にはそれぞれの民族の独自の文化があります。しかるに近年、これらの領域に余りに現代医療が過剰介入しています。とくに、日本は顕著です。

子育て中の多くの母親たちは、子育てに不安を抱き、子供の少しの熱でも怖れて医療への過剰依存に陥っています。子供の病気は大人の病気とは違い、病気を一つ一つ乗り越えて子供は体を完成させていきます。このような子供が成長していく姿を、昔の人は「子供は熱をだしながら大きくなる」と言いました。この先人の言葉を、現代の私たちは今一度、噛み締める必要があるのではないでしょうか。

一方、死を迎える看取りの現場はどうでしょうか？

お腹に穴を開け直接栄養を与える「胃瘻」や点滴などで命を長らえさせる延命治療が横行しています。このような患者さんの多くは、手足が浮腫み、口をポカーンと大きく開け、肘や膝を折り曲げ、悲し気な目は虚空を彷徨っています。

いつから、日本はこのような酷い死を受け入れるようになったのでしょうか？

日本は死の文化もないほどの低文化国家に成り下がったのでしょうか？私たち日本人は、安らかな死を迎えられないほどの愚かな民族なのでしょうか？人の一生は歓びよりも苦が多い、苦しみに耐えてきた人生の最後ぐらいは安らかに死んでゆきたい、誰しもが思い願う事です。この切なる願いを叶えてあげるのが、残された者たちのせめてもの務めではないでしょうか。

なぜなら、悲しいけど人は野生の動物のように一人では死んでいけない、どうしても人の手を煩わせながら死んでゆくのだから。決して他人事ではありません。明日は我が身です。

ところで、身体はどこから老化が始まるかご存知でしょうか？

人の身体はトポロジー的には2つの穴の開いた球体とみなすことができます。二つの穴は、口と肛門です。この上下の穴から老化が始まります。具体的には、口輪筋や舌の筋力低下、歯周病、歯が抜ける、唾液の量と質の低下、口腔内の活性酸素の増加、会陰部の邪気の停滞、肛門の括約筋や排泄力、勃起力の低下等々。

このことを昔の人は、「ハ・メ・マラ」とコミカルに表現しました。ハは歯、メは目、マラは男根の勃起力、つまり老化は最初に歯にきて、目や生殖能力が次第に衰えていくと。

身体の老化予防は、入り口と出口の二つの穴の老化を阻止することに尽きます。同様なことが人の一生についても言えます。それが、「子育て」と「死」です。現代の日本社会が抱えている山積する多くの難問と、「子育て」と「看取り」の混迷は決して無関係ではありません。「子育ては楽しい」と「安らかな死」を実現することは、日本再生の切り札であり、明日の日本の原動力となります。

はじめに

もくじ

第三章　看取りについて

第四章　終末期医療について

第五章　人生の始まりと終わりが変わると、家族が変わり、日本が変わる

第一章　子育てについて

●なぜ子育てが辛い？

子供が生まれることを待ち望んで母親になったのに、その子育てが辛い。子育てから逃げたいと思っていることが、親として人として失格なのでは？

大好きな人と結婚して子供が生まれてうれしい、幸せなはずなのに子育てが辛いのはなぜ？

昼夜の関係なく、母乳やミルクを与えるので睡眠不足が辛い。

出産で里帰りをした時、私が抱っこするとなかなか泣き止まないのに、私の母が抱っこすると泣き止む。なんだか私という人間が否定されたような、母親失格だという気持ちになってしまった。

夫から思いやりのない言葉を言われる。確かに仕事から帰ってきた夫は、仕事で疲れているのは頭では理解できるが、部屋の掃除ができていないとか、ご飯がないとか言われると、母親の気持ちとしてはどうしても追い込まれてしまう。

子供が言うことを聞いてくれない。怒ると、すぐに癇癪（かんしゃく）を起して泣き叫ぶ。子育てが不安。子供がかわいいと思えない。つい子供に当ってしまう。子供の言動にイライラする。子供の成長が育児書どおりでないと不安になってしまう。

夫が子育てに対して非協力的である。子供のことはママである自分が何とかしなければならない、と思うと、重圧となり、ますます育児に対して不安な気持ちになる。

こんな悩みを抱えて子育てをしている母親たちは意外に多いのではないでしょうか。なぜ子育てがこんなにも辛いのでしょうか？

それは、子供が病弱だから。その答えは、いたってシンプルです。専門家を交えて喧々諤々と議論するほどのものでもありません。否、議論すればするほど迷路に陥ってしまいます。得てして専門家の意見とはそういうものなのです。

子供が元気になると子育ての多くの問題は自然に解消し、母親は子育てが楽しくて仕方なくなります。元気な子供の笑顔は、母親にとって至高の歓びであり、また夫や祖父、祖母など家族全員を幸せのオー

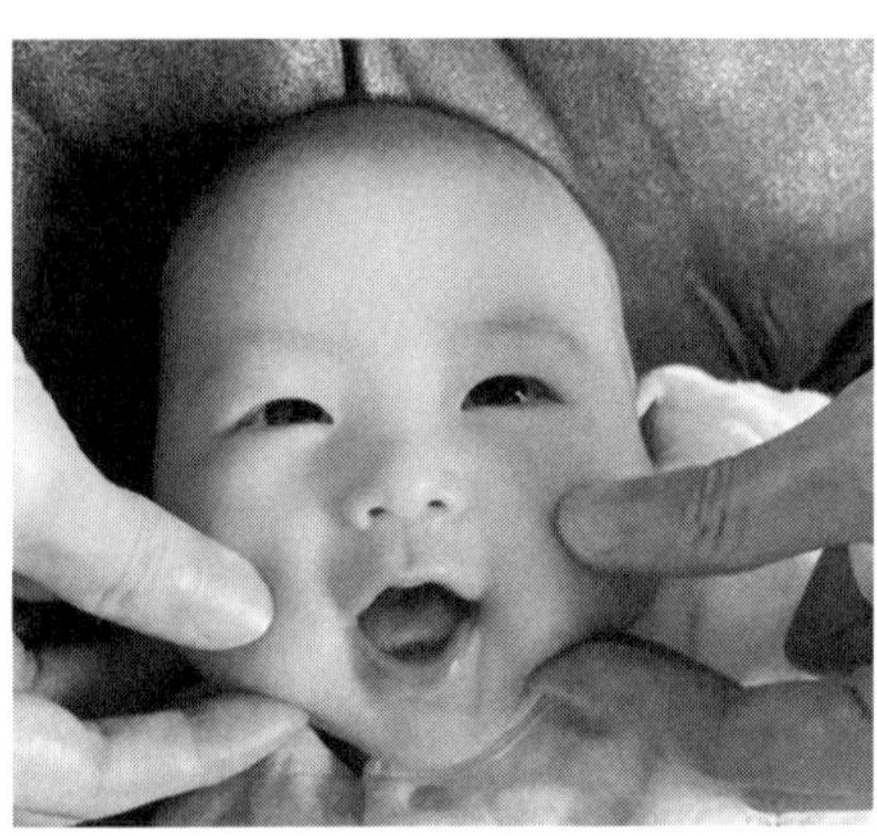

ラで包み込む魔法の力を秘めているのです。

子供の笑顔は、子育てのマスターキーです！

●良い赤ちゃん

良い赤ちゃんはそこに居るだけで周囲を心地よく引き付けます。或る赤ちゃんは部屋に入るとたちまち衆目を集め、ただそこへ寝かされているだけで人々はニコニコしながら近づきます。

ある赤ちゃんは居ても人々は無関心、物がおいてあるのと同じような眼で見ます。ある赤ちゃんが泣くと他の人はニコニコ顔で話しかけます。ある赤ちゃんは泣いただけで人々はうるさがります。

要求や主張がハッキリしている赤ちゃんは良い赤ちゃんです。大人しくとも、他に働きかける力の弱い赤ちゃんではいけません。

生まれた子供が早く育つことを望むのは親として当然なことですが、例えば早く歩き、早く歯が生えるということは栄養が不足している現象で、栄養が充ちていると歯の生えるのも遅く、歩くのも遅いのです。言葉も、人見知りするのも、遅いほど良いのです。そうすると独立期も遅くなるが、その方が素直に伸びます。

少し話が飛びますが、ムツゴロウさんこと、畑正憲さんのゾウの接し方を知っていますか?

「ゾウの前に立って一度、全身の力を抜く。そして、呼吸を読まれないように、何も言わない、何も動かない。

すると、最初は警戒していたゾウが、「何だろ」って近づいてくる。それに「どうしたの?」って応じて、そこからスキンシップが始まる。」

このムツゴロウさんのゾウの接し方は、子供との接し方の極意でもあります。とくに問題児の場合、大人が先に動いて声をかけると、子供は心を開きません。しかるに、言葉でしか説明できない頭でっかちな教師や施設の指導員たちの何と多いことでしょう……。

●育児の注意点

◇入浴後の水

よく、母乳やミルクは水分であるから、赤ちゃんに水は飲ませる必要はない、という話を聞くことがあります。しかし、これは間違いです。赤ちゃんにも水は必要です。赤ちゃんの水不足のサインとして、泣き出すといつまでも泣く、泣きじゃくることが挙げられます。ビービ—と大声で泣きじゃくって、いつまでたっても泣き止みません。また、赤ちゃんに水を飲ませないと、強情になります。

何時ごろ、水を飲ませたらよいのですか？　という質問をよく受けますが、私は入浴後に水を飲ませることを勧めています。

◇赤ちゃんの睡眠

赤ちゃんの健康には睡眠がとても大事になってきます。第一番の問題は深く眠らせること、眠りが浅いといくら栄養を与えても吸収しません。また、抱いたときに体が軽く感じます。

食べさせても太らない場合。栄養が過剰なのに母親が神経質になってイライラしている状態で、赤ちゃんはみな眠りが不十分になっています。そのため眠りを深くさせる必要があります。

眠りが深くなると、寝ているときにお腹で呼吸するようになります。うつ伏せになるようであれば頭が疲れている、大の字になれば胃袋が疲れていることが考えられます。

◇汗

日当たりのよい部屋は夜冷え込み、湿度も変化しやすい。だから、寝室は日が当たらないで一日中温度があまり変わらない部屋が理想です。親の感覚で風通しがよいところは、涼しいから赤ちゃんも気持ち良いに違いない、と思うかも知れませんが……赤ちゃんにとってはとても危険なのです。

危険な理由は、汗をかいた体に風が当たると汗が内攻するからです。汗の内攻とは、汗が体の内部に入ってしまい、その汗で体が壊れることを言います。急に高熱がでたり、肺炎、風邪、下痢、夜泣き、食欲の減少等々が見られます。

◇赤ちゃんの泣き方の見分け方

口のきけない赤ちゃんは要求を現すのに、いろいろなゼスチャーをするが、それが通らないと泣き出して、泣き声を言葉に代えます。

赤ちゃんが泣くときは、

・お腹が空いたとき

・大小便がしたいとき

・体の位置がわるいとき

この三つが主なものです。この三つを注意して要求を見分けることから始めると赤ちゃんの要求が分かりやすくなります。後は、病気のときです。

◇赤ちゃんの栄養状態の見分け方

栄養過多↓よだれが多く、内股がぴちぴち。動作が緩慢で泣き声が高い。皮膚が厚く硬ばっている。摘むと、皮膚といっしょに肉もついてくる。

栄養不足↓内股に張りがなく、細くひしゃげている。

栄養はちょうどぴったり↓内股に張りがあって、少々のよだれ。

尿の色が濃い↓栄養過剰
おしっこの匂いが強い↓食べ過ぎ
便の量は、食事量の過不足を表します。

食べる量が少ない↓便が少ない。便が硬く便秘傾向。

食べる量が多い↓便が多くなり、柔らかい便になる。

便の色。茶褐色は正常。黒は栄養過剰。黄色や白っぽいのは栄養不足。緑色は不安や過敏。中毒。病気によって便の色が変わることもあります。例えば、黄疸になると便の色は白色になります。

◇子供の重さを感じる

子供の異常は、抱いてみて子供が軽いか重いかで察知できます。抱いてみて平素の重さであれば、何事もないです。

妙に軽い時は要注意！頭を打ったとか、心が不安とか、体調をこわしている場合が多い。しかるに、この重さの変化を感知できない母親たちがたくさんいます。これでは子育てはうまくいきません。

体重計で量った重さではありません。体重計で測定すると子供の体重には変化はありません。人間のからだは緊張した時と弛緩（しかん）したときとで、同じ抱いていても、背負っていても重さが違ってきます。体重計では判らないが、人間には感じることができるのです。例えば、鉄アレイと水の入ったビニール袋を腕で持ち上げたときの違いです。同じ重さでも、鉄アレイは簡単に持ち上がるが、水の入ったビニール袋はそうはいきません。

●子供の発達の順序

子育てにおいて、子供の体は年齢によって発達する部分が異なることを知っておく必要があります。体全体が一つになって発達していくのではないのです。

◇生後13ヶ月

生後13ヶ月は体の土台をつくる時期なので無病で過ごすことが良いが、それ以降は、体の成長と共に子供は病気をします。病気をしては乗り越えながら、心身を発達させて大人になっていきます。

生後11～13ヶ月は、最初の成長の波のピークで、言葉を覚えて喋り始めます。この時期は、脳膜炎にかかりやすいので予防接種は避けた方が無難です。そして最初の躾の時期です。「これはいけない」と言い聞かせると分かります。

子供の発達とは少し脇道に外れるが……産後、母体が元に戻るのにおよそ6週間かかります。2ヶ月は休養が必要です。夫婦生活は産後2ヶ月過ぎてから。

ときおり、子供が3、4歳になっても子供に母乳を飲ませている母親を見かけますが……夫を放ったらかしにしているのでは？　子供ばかりに注意がいっていると、いつしか夫婦仲が悪くなるよ、とつい他人事ながら心配してしまいます。

◇13ヶ月から3歳まで

生後13ヶ月を過ぎると、中身が充実してきます。抱いたときにズッシとした感じがします。言葉を覚え、遊びも知能的になってきます。叱らないで教えることが大事です。優しさが育ってくるので子供の自発性を育てましょう。

指の動きや体操は、頭の発達に重要です。とくに勘を育てるようにしましょう。綾取り、コマ回し、積み木……。

気持ちよさ、心地よさ、喜びを教えましょう。塞ぎ込むようなことさえなければ、子供は素直に、元気に、活き活きとしています。

3歳前後になると、いろんなものに好奇心をもつようになります。なぜ？を連発するのでそのときが教える時期です。教える時期があって、それから躾の時期。その時期に至って、はじめて叱ります。

◇4歳、5歳　独立の時期　体質改善の好機

4歳になると、「良し悪し」が分かるようになります。自分で何でもやろうとする独立の時期です。独立の時期になったら、独立した人間、自由な人間をつくることを目標としましょう。完成を親の手でやってしまわないで、子供自身の手で完成させるこ

とが大事です。

例えば、服のボタンをしめるときには最後のボタンだけは子供本人にしめさせること。時間がかかり過ぎるからという理由だけで全てのボタンを親がしめてはいけません。

この独立の時期に根性がついてきます。躾を身につけさせるときです。躾がないと、持っている美しさを発揮することはできません。大人になっても躾のない人は気の毒です。

独立の時期になったら、独立した人間、自由な人間をつくることを目標とします。苦しむ力のあることを認め、苦しむ必要があるということを教えます。独立人として接することが大事になってきます。独立しないと、自分のことしか考えない人間になってしまいます。昔からお稽古事は、この独立の時期に始めます。お能や狂言など、早くからお稽古を始める古典の世界でも、初舞台を踏むのは4歳あたりです。

また、４歳、５歳は子供の体質改善の好機でもあり、虚弱体質を改善するにはもってこいの時期です。この時期に心音セラピーをすると、子供はとても元気になってきます。

５歳までは、子供の感情を抑えてはいけません。呼吸器が未熟なうちに感情を抑えると、喘息になったり呼吸器の発達を妨げてしまいます。この時期には呼吸器が発達し、運動能力がぐんと拡大します。

◇少年期

小児期を過ぎて思春期までつづきます。

自分という面が強く押し出されて、その為に他という面は見えません。この時期は自発の行動を育て、独立の意欲を伸ばすことが最も大切になってきます。

◇思春期

少年期と青年期をつないでいます。

他の為に、生きる歓びというものがあることを発見する時期です。もっと分かり易く言うと、異性に目覚め、愛する喜びと苦しみを体験することによって、他の苦しみをわが事として理解できるようになります。この体験を経て、人は大人になっていくのです。ただ、年齢だけを重ねて人は大人になるのではありません。

髭が生え、月経があり、声変わりがあり、体が急に充実し、心は過敏な傾向を呈します。真の独立は16歳。16歳～27歳までの間は、体の完成期です。

●各器官の発達の順序

子供の器官は部分的に発達します。例えば、3歳までに消化器が育ち、3歳から5歳まで大脳が発達、5歳から8歳で呼吸器が育ちます。8歳から腎臓が育ち、心肺機能が整うのは、初潮がはじまる12歳ころです。このあたりから生殖器が発達し、思春期に入ります。生殖器が育つのは思春期です。生殖器の機能が整うのは20歳過ぎ。そして、生殖器の完成と同時に体の成長も完了します。

呼吸器が未熟なうちに親が力づくで、強制的に感情を抑えると、子供は喘息になったり、呼吸器の発達が妨げられます。喘息の子供の後ろには眼を三角にした母親がいます。5歳までは子供の感情を抑えてはいけないのです。

8歳までの泌尿器がしっかりしていないうちに誰かと比べるような叱り方や誉め方

をすると、子どもは極端な劣等感をもってしまいます。または、誉められたいために、人の足を引っ張ったり、誰かをけなしたりするようになります。腎臓がきちんとしてくると、比較されてもそれに耐え、バネにしてハードルを乗り越えていくような力がついてきます。

8歳から腎臓が成長してきます。他が見えなくなり、あるのは自分の世界のみです。この時期は、自発の行動を育て、独立の意欲を伸ばすべきです。

このような各器官の発達の順序は野口晴哉独自の身体観です。当然、医師は知りません。また、多くの人たちも知らないと思います。しかし、この発達の順序を理解しているのとそうでないとでは、子育てに大きな差が生じてきます。昨今、やたらと早期の頭脳教育が盛んですが、如何なものでしょうか?。

子供はゆっくり大人になるように育てるべきで、体だけ大人並みになっても、感情は子供のままで、衝動でつい動いてしまったり、カッとなったら見境がなくなるようなのは、成熟が早すぎて内容が充実していなかったからです。健康に育てるということは、成長を早くするとか、早熟な子供にしてしまうことではありません。内容的に充実して育つように育てることが大事です。

子供は何よりも健康であることが大切です。強くたくましい心身で、活き活き溌剌と生きるように育てることが第一です。どんな環境にも耐え、苦にしない、明るく、大らかな子供に育てることが大事です。

素直な気持ちで他人の言うことも聞け、気取らないで自分の言いたいことを言えるようにすることも、また必要です。

●子供の病気について

子供の病気は大人の病気とは違い、病気を一つ一つ乗り越えて、子供は体を完成させていきます。熱などはその典型です。熱をだすことによって、子供は親から受け継いだ毒素を解毒し、成長の節目を乗り切っていきます。

子供は一直線に成長するのではなく、竹の節のように幾つもの節を乗り越えて成長していきます。節を乗り越えるときに、熱がでたり、風邪をひいたり、また下痢や食欲がなくなったりします。このような子供が成長していく姿を、昔の人は「子供は熱をだしながら大きくなる」と言いました。

しかるに、今の母親の多くは、熱が出ただけで慌てふためき、病院に駆け込んでしまいます。現代医療もまた子供の病気も大人の病気も同じように診て、安易に解熱剤を処方してしまいます。これでは、元気で丈夫な子供は育ちません。

私たち人類は、病気をも子供の成長に活用し、その体を完成させているのです。麻疹などはその典型です。

江戸時代、麻疹は「命定め」と言われたように非常に致死率の高い病気でした。しかしいつしか、麻疹を子供の成長に活用し、その体を完成させるまでに至っています。麻疹が自然に経過していくと、呼吸器と肝臓の働きがキチンとしてきます。そして、肝臓と呼吸器のしっかりした発達が、その後の生殖器の発達の土台となります。

ウイルスというと病気の原因というイメージが強いが、遺伝子を運ぶという観点からは有用な遺伝子を運んでくる可能性もあります。近年、胎盤形成に関わる遺伝子は自然な進化では説明がつかないほどに起源が異なっていることが分かってきました。この謎を解明するカギとなるのが内在性ウイルスです。

ウイルスが動物に感染するとその遺伝子が宿主のＤＮＡに取り込まれることがあり

ます。つまり、ウイルスの遺伝子から胎盤形成に関わる遺伝子を取り入れていることが明らかになったのです。

野口整体では、ウイルス感染症である麻疹・耳下腺炎・水疱瘡の３つの病気は、子供の身体を発達させるために必要であると捉えています。耳下腺炎が自然に経過すると、子宮や卵巣、男の子なら精巣が成長して、急に女らしく、男らしくなってきます。耳下腺炎にかかって生殖器が発達します。水疱瘡は自然に経過すると、股関節を通して腎臓が育ち、腰がすわった落ち着いた感じがでてきます。

乳幼児期に罹る麻疹・耳下腺炎・水疱瘡の３つの病気は、子供の身体を発達させるために必要であり、自然に経過するといろいろな病気に耐えられる身体がつくられます。

つまり、ウイルスを活用して身体をリニューアルしているのです。それ故、今日の子供へのワクチン接種には疑問を呈します。今日のコロナウイルス騒動もそうです。私たちの身体は強（したた）かであり、決して軟（やわ）にはつくられていません。

病気をしても子供のもつ自分の体力で経過することが大事です。子供は大人になる資格を備えているとも言えます。時々風邪をひいたり下痢をしたりしている方が、将来を考えると素直に成長します。無病のまま大きくなった子供は弱いのです。

　子供の治療で最も肝要なことは「育つ」を育てることにあります。そして、最もやってはいけない治療がこの育つ力を妨げること。性急に病気を治そうとする余りに、現代医療はこの過ちを犯しています。病気の症状のみを取り除くことに専念し過ぎ、子供の育つ力を無視、軽視しています。

　子供は大人を小さくした生き物ではありません。子供は日々成長しています。子供の病気は、この成長する力を伸ばしてやれば自然に消えてなくなります。このことを明らかにしたのが心音セラピーです。

●子供のワクチン接種

　子供にワクチン接種を受けさせるか、受けさせないか。夫は当然受けさせる、受けるのが当たり前、医学の常識だと主張します。一方、母親は、できれば受けさせたくない、副作用が心配だと主張します。

夫婦間の意見の食い違いで、離婚に発展するケースも稀にあるようです。特に、最近のコロナワクチンの子供への接種には何かと問題があるようで……。

少し前に、子供へのコロナワクチン接種について、テレビのインタビューを受けていた母親の言葉にはたいへん驚きました。

「子供の自由にさせています。子供がコロナワクチンを受けたいと言えば、親としては子供に賛同します。受けたくないと言えば、そのようにしたいと思います。」

この母親は、小学生の子供にまともな判断ができるとでも思っているのでしょうか？

コロナワクチンに限らず、ワクチン接種を受けると、確かに子供の身体に変動が生じます。夜泣きがひどくなったり、グッタリし、下痢、便秘、発熱などをよく見かけます。しかし、私が独自に開発した心音セラピーを1、2回おこなうとだいたい落ち着いてきます。ひどいケースでは、1週間ほどかかることもあります。心音セラピーの詳細は後述しています。

私は子供のワクチン接種には反対です。当然、孫にはワクチンはいかなるものも接種しないように息子には伝えています。外来では、母親たちにワクチン接種しないように強要はしていませんが、ワクチン接種したら必ず心音セラピーをおこなうようにアドバイスしています。

１９７９年、群馬県前橋市の一人の子供がインフルエンザワクチンの集団接種後、ケイレンを起こしました。校医だった医師と前橋市の医師会は、これはまぎれまくワクチンの副作用であると判断し、国に認定を求めました。が、その申請は却下されました。

しかし、この出来事を機に、前橋市医師会は集団接種を止めるという決断をします。ただ集団接種を止めるだけではなく、集団接種を続けている周辺の市と、前橋市のインフルエンザの流行状況を、5年間、徹底的に比較調査したのです。そして、膨大なデータを「ワクチン非接種地域におけるインフルエンザ流行状況」という報告書にまとめました。「前橋レポート」です。この「前橋レポート」によって、集団接種している地域としていない地域とで、インフルエンザの流行の大きさに差がないことがはっきりと証明されました。更に、ワクチンの副作用によって被害を被った人たちの20年におよぶ訴訟に、次々に勝利判決が下ったのです。そしてついに、１９９４年、小中学校へのインフルエンザの集団接種が中止になりました。
しかしその後、再び子供へのワクチン接種は徐々に増えています。その背景には、巨大製薬メーカーの行政や医師会更には特定の権威ある研究者・医師への何らかの関与があったのでは……？

ドワイト・D・アイゼンハワーは連合国遠征軍最高司令官を務めた陸軍人で「第二次世界大戦の英雄」として米大統領に就任した人物ですが、大統領退任演説において初めて「軍産複合体（MIC）」を世に表しその危険性を警告しました。現代の私たちは、「軍産複合体（MIC）」の動向は勿論のこと、ファイザー社などの巨大製薬メーカーの動向にも注意を払わねばなりません。今のコロナ騒動、コロナワクチンの背後には、これら巨大製薬メーカーの思惑がうごめいているのでは？

コロナ禍の影響で、世界は急速に不安定さを増してきています。経済はもちろんのこと、至るところで内乱や紛争によって銃声が鳴り響き、多くの人々の血と涙が流されています。世界は秩序を失い、ますます混迷の度を増しています。これから、世界はどこへ向かうのでしょうか？　何を目標にして自由社会を堅持していくのでしょうか？

そこで俄然注目されてくるのが、日本の元禄時代です。世界が追い求めている理想の自由社会は、既に３００年以上前に江戸時代に実現していたのです。

世界に類を見ない２６０年余りの平和社会で消費社会が熟成し、元禄の世で庶民文化が花開きました。ゴッホやピカソに大きな影響を与えた浮世絵、歌舞伎、数々の工芸品等々。

人々は、決して裕福ではなかったけれども、人間関係を大事にし、モノを大切に扱い、季節の移ろいや祭り、芝居を楽しみ、また稽古事にも精をだし心豊かに暮らしていました。

また、江戸は環境に優しいエコロジー社会であり、当時の欧米諸国と比べても、治安維持や衛生状態は良好でした。使い捨てができるほどモノが豊かでなかった江戸時代、徹底的にモノのリサイクルがおこなわれ、褌（ふんどし）に至るまでレンタルされていました。一家の引っ越しは、リヤカー一台で済んだそうです。

幕末、来日した外国人は皆、その清潔さに感嘆したといいます。たしかに、路地裏に平気でウンチを投棄したパリや、糞尿混じりの下水を川に流していたロンドンに比べれば、江戸の町は世界に誇れるクリーン都市でした。しかも、世界でも稀にみる100万人都市だったのです。

第二章　母子の絆を強くする

●意識以前

言葉や文字には国境があります。しかし、音楽に国境はありません。言葉や文字は頭で処理をする一方、音楽は本能に直接響きます。本能に響くから音楽には国境がないのです。

このことは即、子育てにも当てはまります。「良い」「悪い」が分かるようになる3歳以降は子育て支援策などの頭で考えた子育てが有効ですが、3歳未満とくに生後13ヶ月は本能・母性による子育てを優先させなければなりません。支援策もまた、母親の母性を育み、育てることがたいへん大事になってきます。

しかるに現代の私たちは、子育てを余りに理知的に捉え過ぎています。理知的に対処すればするほど、子育ての本質から大きくずれて問題を複雑化してしまいます。母性という本能に、子育ては委ねるべきです。

母親の母性が育まれていけば、子育ての抱える難問の多くは解決していきます。

母親の母性の枯渇の遠因のひとつに、今の病院出産の在り方をあげることができるかと思います。お産の在り方は母性と密接につながっています。出産直後の母親には、サッカー選手がゴールを決めたときのような強い覚醒作用があります。そこに自分の乳房を吸われたという特殊な感覚やホルモンの変化などで、母性のスイッチが入ります。

しかし、出産直後に母子が離されると、再び母親の胸に赤ちゃんを乗せても母性のスイッチは入りません。母子にとって、まさに一生に一度のチャンスなのです。

人間はもともと母性をもっているわけではなく、状況とタイミングのなかで芽生えてくるものです。だから、産後のタイミングを間違えてしまうと、その後の子育てもうまくいかなくなってしまうのです。育児も親が一方的に子育てをしているのではなく、子供の方も積極的に親から子育てさせる力を引き出しているのです。

●親子は契約

野性動物のキタキツネの子育てを見ていると、親子は契約であることが分かります。キタキツネの母親は、子がある時期になると子を巣から追い出します。子が巣からなかなか出ていかないと、噛んだり、爪をたてて暴力的に追い出します。

何が、キタキツネの母親にそのような行動をとらせるのでしょうか？　それは、親子の契約切れです。親子の契約が切れたから巣から出て行きなさいという行為です。キタキツネの子にすれば自立するときが来たということなのです。

契約期間中は親は子のために最善を尽くし、その労を厭いません。本能のままに一心不乱になって子育てに専念します。どんな動物の親でも、育てるということは知っています。種族保存の本能です。

しかるに、「赤ちゃんを元気に、健やかに育てる」このことが、野生の動物に比べて人間はうまくできていません。とくに、最近はひどい、どこかおかしい。子育てに悩み苦しんでいる母親が日本全国にたくさんいます。子供も虚弱、虚ろな目、消極的、落ち着きがない、すぐにキレる等々。更には、親の子殺し、子の親殺しといった具合に、親子の関係も大変おかしくなっています。

子供は日本国の未来を担う大事な存在であり、国の宝です。しかし、昨今の子供たちを見ていると、国の将来をつい憂いてしまうのは私一人だけではないでしょう。

今を生きる私たちは、この子育ての問題をどのように解決したら良いのでしょうか？

笑顔で元気に自分の将来の夢を語れる子供を育てるにはどうしたら良いのでしょうか？

野生の動物に出来て、人間に出来なくなってきたのは何故なのでしょうか？

その答えは、母子の絆にあります。

●母と子の繫がり　――　絆

胎児はお母さんのお腹の中で羊水のなかに浮いて、へその緒でお母さんと直接結ばれています。昔から、「血のつながり」という言葉があります。お腹の中で母と子がへその緒で結ばれたその状態から来た言葉でしょう。解剖学的には、子供の腸がへその穴から顔を出してお母さんの子宮の壁に吸い付いた図柄と見ればよいでしょう。

しかし実際は、こうした直接の吸着はなく、そこでは、腸のかわりに血管が伸び、へその緒に導かれて子宮に到達し、その壁のなかの「血の池」に毛細血管の根を下ろしています。すなわち、母胎の栄養は血液を介して子供の肉体にまで運ばれます。

胎内では母と子はへその緒で直接結ばれており、出産すると同時にへその緒は切られます。次に、母親の血液は「乳汁」

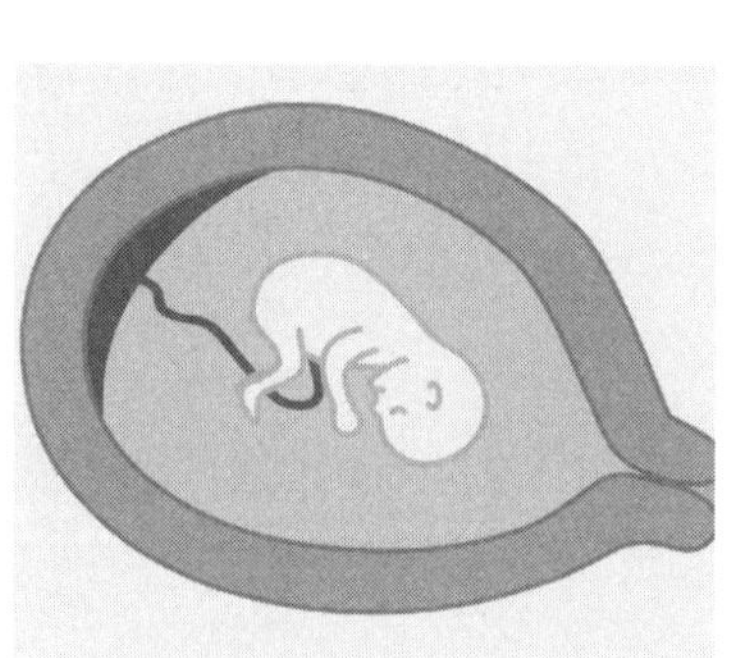

となって、子供の口から直接吸い取られ、子供の血となり肉となります。出産後も子供と母親の血の繋がりは継続されます。

一歳前後になると乳離れが起こり、母と子の血の繋がりは完全に途絶えてしまいます。この後に登場してくるのは絆です。親子の絆、兄弟の絆、家族の絆等々。直接的な血の繋がりに代わって、眼に見えない絆で、生まれた子供は親や兄弟との繋がりをもちます。

●子育ての根幹にある母子の絆

子育ての根幹にあるのは母子の絆です。この母子の絆が強いと、子供は健康にスクスクと育ちます。そして、母親は子育ての楽しさを実感できます。

だから、今の子育ての多くの問題を解決するには、その第一歩は母子の絆でなければならないのです。この母子の絆を抜きにして子育ての問題は何ら解決しません。このことを、私は声を大にして言いたい！

問題は、母子の絆を強くするにはどうしたら良いのかということです。しかし、心配は要りません。なぜなら、その問題は私がもう既に解決したからです。

昔から、母親の心音が子供に良い影響を与えることは知られていました。例えば、泣き叫ぶ子供を左胸に抱いて母親の心音を聞かせると落ち着き、そのままスヤスヤ寝入ってしまう、また、心音を聞かせながら母乳を飲ませると子供の消化吸収が良くなるなどが挙げられます。

このような事実から、私は母親の心音に着目しました。そして、母親の心音を耳ではなく子供のツボに聴かせるために、心音セラピーを独自に開発しました。今から16年ほど前のことです。それが、心音装置「mama heartone 932」です。

●モノの自然科学からヒトの人文科学へ

「幼児を折檻してひどい目に合わせる親が一番頭にくる」

この言葉に対して、野口整体創始者・野口晴哉師は次のようにコメントしています。

「私はそういう親に腹が立つより、そういう親に尚泣きながら追いすがる以外にない子どもの切なさが、哀しくなる」

こんな凄い言葉を言える大人が、現代の日本に果たして何人いるでしょうか……？親子の絆が声高に叫ばれている昨今、それは取りも直さず親子の絆が破綻しているからに他なりません。戦後、私たち日本人は衣・食・住足りて何を失ってしまったのでしょうか？　それはまた、次のような問いかけでもあります。

二十一世紀という新しい世紀に生きる私たちは、今、何を信じ、何を基盤として生き、何を羅針盤とすれば良いのでしょうか？

１９１２年度、ノーベル生理学・医学賞を受賞した外科医、生理学者アレキシス・カレルは、「人間この未知なるもの」（三笠書房）の中で現代社会の矛盾を次のように指摘しています。

「数千年来、常に人間は、教義や信仰や空想の色に染められたガラスを通して観測されてきた。かくのごとき間違った不正確な概念、見方を一掃することが必要である。かってクロード・ベルナールが言った通り、哲学や科学の諸々の体系を打ち破らなければ精神的奴隷の重い鎖は除かれないのである。……

人間を知らない、人間の頭で作り出したこの世界は、人間の体力にも精神にも適しないものであった。これはまったくいけない。……

我々の肉体や精神の世界を支配する神聖侵すべからざる法則を我々に示し、許されるべきことと、禁じられていることとをはっきり教え、我々の環境や我々自身を好き気ままに改造することが断じて許されていないことを説き聞かせてくれるのは、人間に関する正しい、深い知識より他には決してないのである。実際、近代文明が自然生活の条件を一掃してしまった今日では、すべての科学のなかで、最も必要とされるのが人間の科学なのである。」

アレキシス・カレルが指摘するように、現代の私たちに最も欠けているものは生身の人間の学問です。21世紀という新しい世紀に、私たち人類はモノの自然科学からヒトの人文科学へと大きく方向変換しなければならない。

このような時代的背景から、子育ての現場に登場したのが心音セラピーです。時代の申し子、それが心音セラピーです。

●心音セラピー開発までの道程

医者になりたての頃、生命の根幹から癒される真の医療を追い求めるために、私は鍼灸治療を選択しました。今から45年前のことです。数年ほど鍼灸治療を独学してわかったことは、鍼灸治療は名人芸を必要とすること、名人芸は治療としては成り立つが医学としての学問の対象にはならないという厳しい現実でした。一途に鍼灸治療に没頭していた私は途方に暮れました。周囲の同僚たちの批判や冷たい視線を尻目に、これまでやってきたのは一体何だったのか……、と。

こんな私に救いの手を差し伸べてくれたのは、次の

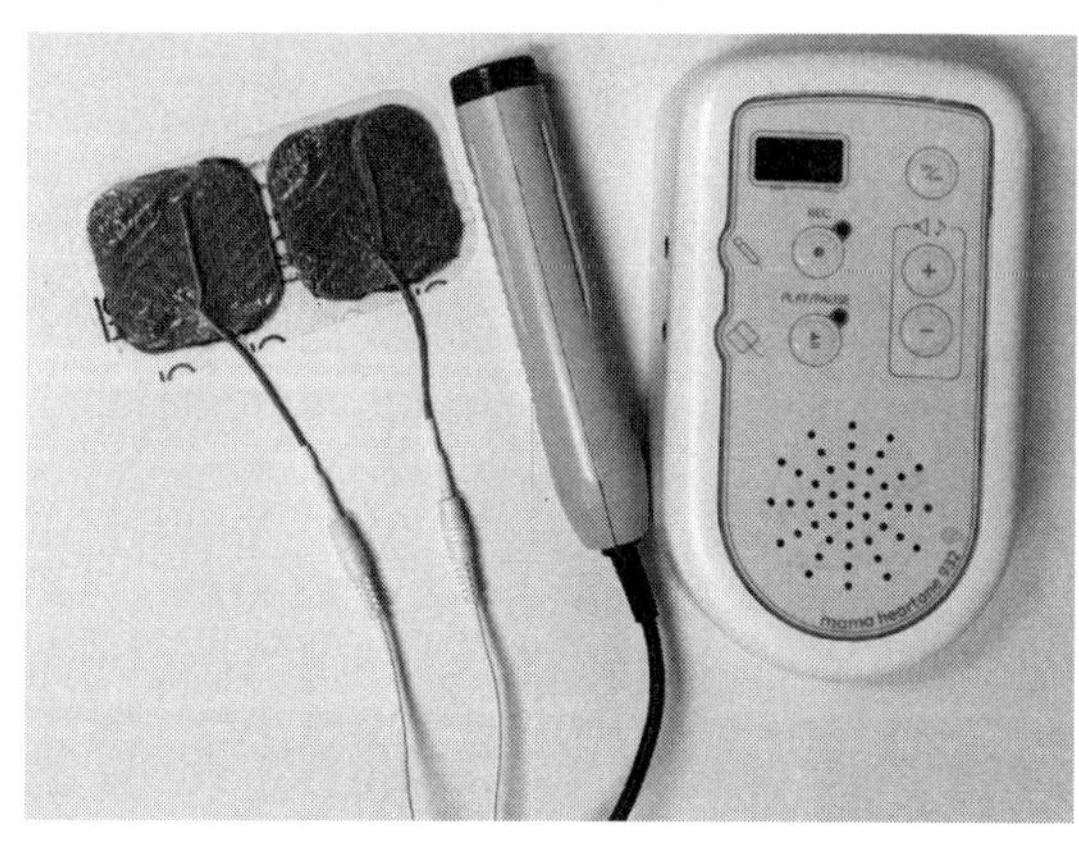

ような言葉です。

「乳牛にモーツァルトなどのクラッシック音楽を聞かせると乳の出がよくなる」

この話を小耳に挟んだとき、私は瞬時に次のように考えました。

「耳で聞かせてこのような生理作用があるのなら、音楽をツボに聴かせたらもっと効果があるに違いない」

このように考えた私は、ツボに音楽を聴かせるために電気信号に変換した微弱電流をツボに通電する方法を選択しました。そこで当時、師事していた高名な発明家であり、物理学者でもある宮沢秀明先生にその旨を伝えたところ、目の前で簡単に治療装置を作ってくれました。これが、今現在のＮＡＭ治療装置の原形です。

ツボと音との関係が次第にわかっていくうちに、子供にはどのような音よりも母親の心音が効くに違いないと考えるようになりました。そこで、医療機器の「ミニドップラー」で母親の心音を子供のツボに通電してみたところ、結果は素晴らしいものでした。夜泣きなどは数回で消失し、喘息や風邪なども改善されました。そして２００７年に、私は独自に心音装置「mama heartone 932」を開発しました。

心音セラピーでは、耳ではなく子供のツボに直接母親の心音を聴かせます。具体的には、心音を微弱電流に変換した電流を腰にある命門と背中の身柱、もしくはへそと後頭部などの二ヶ所のツボに通電します。

電流をわが子に流す、と聞くと世のお母さんたちはたいへん驚かれるが、微弱電流なので子供はまったく何も感じません。当然、痛みや不快感もまったくありません。ただ二ヶ所のツボに粘着パッドを貼るだけです。このパッドをイヤホーンと思っても何ら差し支えありません。耳で聞くのがイヤホーンで、ツボで聴くのがパッドです。

●心音セラピーの実際について

まず、心音装置［mama heartone 932］で、母親の心音を録音します。２分３０秒間録音し、これを2度再生して合計5分間通電します。

次は、子供の腰にある「命門」と「身柱」の二ヶ所のツボに粘着パッドを貼り付けます。ツボの位置は幾つかパターンがあります。

後は、再生のボタンを押すだけ。操作はいたって簡単、誰でも簡単にできます。

心音セラピーによる最初の変化としては、まず子供が母親に甘えるようになります。その日の夕方とか夜になると現れることが多いように思います。

次の変化は母親に現れます。子供が妙に甘えてくるので母性が刺激され、わが子が可愛く、愛おしくなってくるのです。夜泣きで何度も夜中に起こされ、疲れ果て、わが子が憎らしく感じている母親とてその例外ではありません。母親のこのような心境の変化に敏感に反応して、子供はますます母親に甘えるようになります。そうすると、母親もますますわが子が可愛くなってくるのです。

後は、これの連鎖反応が起こり、次第に母子の絆が深まっていき、母子のコミュニケーション能力が高まっていきます。そして、子育ての楽しさが実感として母親には感じられるようになってきます。虐待寸前までいったのがウソのように、子育ての楽しさ、わが子を誇らしく思う気持ちがふつふつと湧き上がってくるのです。

心音セラピーをする回数にとくに決まりはありません。週に一回で十分です。子供の調子が悪いときは、週に数回おこなうこともあります。録音はその都度おこなうのがよいが、当院では一ヶ月に一回録音し直し、毎回毎回録音し直すことはしていません。

録音するときの母親の心構えで大事なことは、リラックスし、子供の病気を早く治したいとか、子供にこうなって欲しいといった願望はもたないことです。無心でわが子と戯れるような気持ち、子供に話しかけるような大らかな気持ちが大切になってきます。しかし、そんなに難しく考える必要もありません。

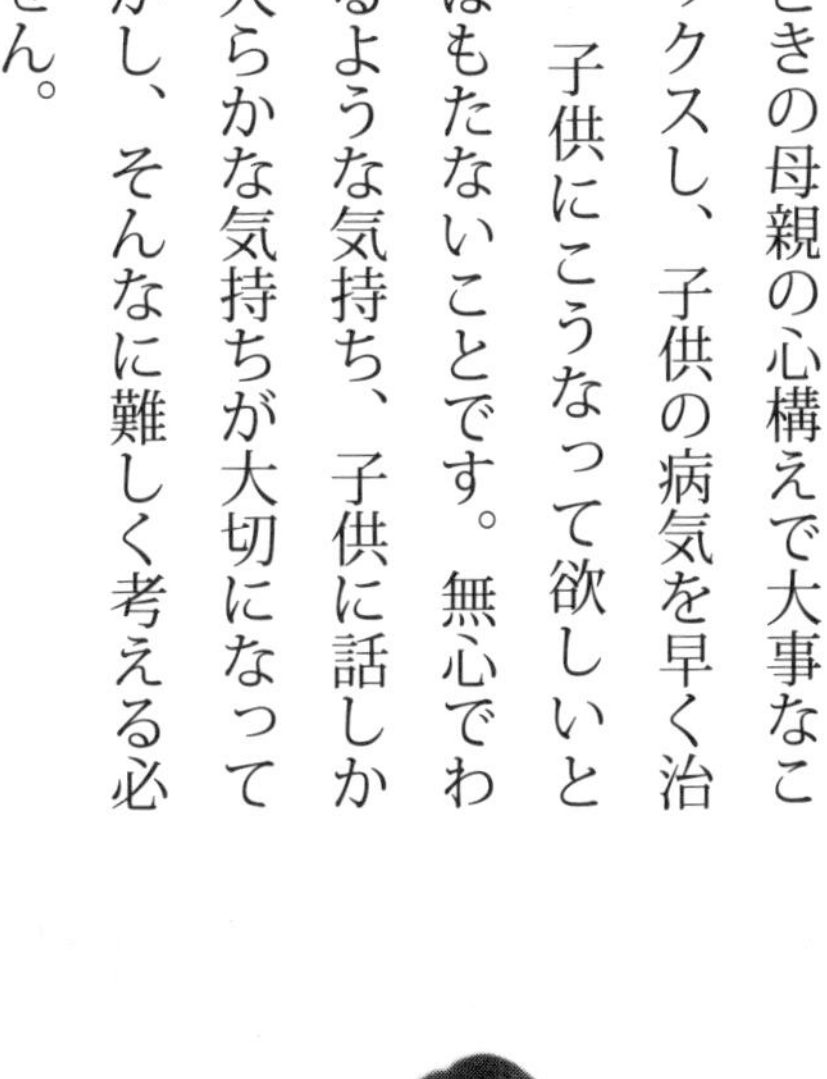

●子供の育つを育てる

子育てで最も肝要なことは、子供の育つを育てることにあります。そして、最もしてはいけないのが、この育つ力を妨げることです。性急に病気を治そうとする余りに、現代医療はこの過ちを犯しているのではないでしょうか？　子供の育つ力を無視して、

病気の症状のみを取り除くことに専念し過ぎてはいないでしょうか?

心音セラピーは母子の絆を強め、子供の育つを育てることができます。育つを育てるから、子供は元気溌剌になります。子供が元気になれば病気は自然に消えてなくなってしまいます。本来、子供の病気とはそういうものではないでしょうか。

「小児七歳までを神童と名づく。神これを守る」

中国の古い道書に記されている言葉です。

「7歳までは神の子」

我が国の神社務めの方の言葉です。

このように、先人は子供を大人とは違う特殊な存在として捉えていました。鍼灸治療においても、子供に特化した小児鍼があります。心音セラピーを開発した私は、神を母親に置き換えています。つまり、7歳までの子供は母親によって守られている。これを明らかにしたのが心音セラピーです。

●母子の絆を強くする

チンパンジーの母親は生まれたばかりの赤ちゃんを胸に抱いて子育てを始めます。胸に抱かれたチンパンジーの赤ちゃんにとって、目の前の母親がすべてなのです。安心に満ちた赤ちゃんの表情と、満足感に満ちた母親の表情。この安らかな母子の表情こそが、母親が子供を育てる原点です。そして、この時期に母子の「原信頼」が形成されます。

子育ての根幹にあるのは母子の絆です。この母子の絆が強いと、子供は健康にスクスクと育ちます。そして、母親は子育ての楽しさを実感できます。

母と子はそれぞれ別の肉体であるが、母子は目には見えない絆でしっかりと結ばれています。この絆の一種に、大脳生理学における神経伝達物質があります。

神経細胞と神経細胞の間にはごくわずかな隙間があります。その隙間で行き来する物質を大脳生理学では神経伝達物質と呼んでいます。この神経伝達物質が、二つの神経細胞間を行き来することによって情報は伝達されます。

母子の絆もまた、母子間で行き来している神経伝達物質のようなものによって双方向性に情報伝達がおこなわれています。それを、これまでは「気」と漠然と呼んでいたが、母親の心音であることが心音セラピーによって判明しました。

心音セラピーによって子供が元気になるだけではなく、母親までが大きく変わるのはそのためです。つまり、情報伝達が一方向ではなく双方向性だから母子共に変わっていくのです。

だからこそ、心音セラピーでは母親のわが子への気づきが大事になってきます。

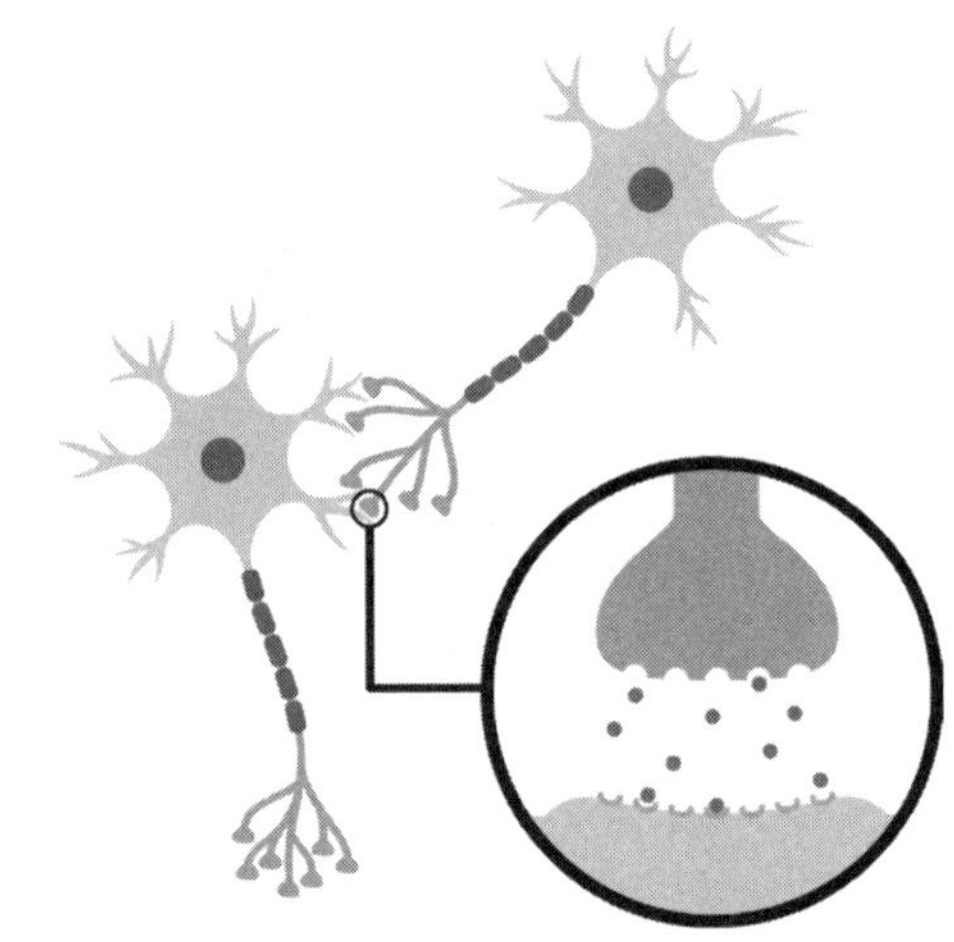

●母親の気づき

心音セラピーで最も大事なことは母親の気づきです。例えば、子供の表情が豊かになった、よく笑うようになった、抱いたときに重く感じるようになったなどです。

こういった微妙な変化にすぐに気づく母親だと、心音セラピーによって子供はすぐに元気になり、笑顔になります。しかし、なかなか気づけない母親も多くいます。

心音セラピーにおける母親の気づきがいかに大事であるかを痛感したケースを以下に紹介します。

(夜泣きする生後10ヶ月の女児)

1回の心音セラピーで表情が豊かになったが、母親はその変化にはまったく気づきません。6、7回心音セラピーをおこなうも、母親は「少しも変わらない」と言うばかり。

今思うに、母親の意識は夜泣きだけに向いていて、わが子の表情の変化にまで意識が回らなかったのでしょう。

その後、月に2回ほど思い出したかのように治療に通ってきました。つい最近、久しぶりに受診。見るからに母親の表情が違っていました。子供への接し方まで違っていたのです。

私は確信をもって母親に尋ねました。

「どうですか、わが子が可愛くなってきたでしょう」

即座に、母親は笑顔で答えました。

「可愛いなんてものではありません。

思わず、頬ずりしたくなります。食べてしまいたくなります」

私がさらに言葉を続けます。

「この子は私が産んだのよ!と、叫びたくなるでしょう」

母親は大きくうなずきました。

子育ての楽しさを実感している母親の表情は、傍から見ても実に気持ち良いものです。美しく、幸せそのものです。男では絶対に味わうことの出来ない至福感であろうと思います。

どうも、気づきには個人差があるようです。次に、母親の気づきが心音セラピーの効果を決定づけた二つのケースを紹介します。

（生後8ヶ月のアトピー性皮膚炎の男児）

初診時、顔は赤くただれ、全身の皮膚はカサカサと乾燥しており、膝と肘の辺りはかき傷から浸出液を認める。心音セラピーは週1～2回おこなう。

3ヶ月後には、アトピーがあったことがウソみたいに全身の皮膚はツルツルピカピカになる。内腿はボーンレスハムみたいにプリンプリンと太くなる。まさに健康優良児の証です。

この男児の母親の紹介で、同い年の生後8ヶ月の女児が神経質そうな母親に連れられて受診しました。

（生後8ヶ月の女児　夜泣き）

主訴は夜泣き。最初の週は3回心音セラピーをおこなう。すぐに子供の表情は豊かになり、よく笑うようになる。この表情の変化を母親に告げたが、母親はよく分からないと言う。

次の週も心音セラピーを3回おこなう。母親は夜泣きが少しも変わらないというばかりで、わが子の表情の変化にまったく気づかなかった。以来、受診しなくなる。

心音セラピーで大事なことは、いかにして母親に気づかせるかにかかっていると言っても決して過言ではない。ただ流れ作業的に心音セラピーをおこなってはいけない、と私が言う所以(ゆえん)でもあります。すぐに気づいてくれる母親もいれば、なかなか気づいてくれない母親もいます。なかには、気づこうともしない、面倒だと思う母親もいます。心音セラピーに少しも理解を示さない、示そうともしない母親もいます。

●母子一気

心音セラピーをすると子供だけではなく母親も大きく変わってきます。これに驚いて心音セラピーを保育園に取り入れた園長さんが熊本にいます。

「子供が元気になるのもそうですが、母親が変わったのには感動した」と、その園長さんは言います。

「母子一気」という言葉があります。母と子は別々の肉体ですが、気で強く結ばれた一つの存在です。心音セラピーは、このことをまさに証明したことになります。

子供が変われば母親は変わります。母親が変われば子供が変わります。母と子の絆は決して一方方向ではなく双方向性だからです。

●母親たちの声

◇ケース①

私自身の治療のために、みかどクリニックに通い始め、ほぼ同時に心音セラピーもスタートして2年ちょっとが経ちます。元々おとなしい性格なのか、私がうるさ過ぎるせいか、聞き訳がなさ過ぎて困るというのは殆どありませんでしたが、逆に私にベッタリ過ぎるようなところもあり、もう少し強くなって欲しい、とは常々思っていました。

心音セラピーを受けて大きく変わったことが二つあります。

一つは、甘え方がすごく素直に分かり易くなったことです。四六時中ベッタリ、離れるとグズルという風だったのが、感情表現も分かり易く豊かになりました。

二つ目は、明らかに風邪の引き方が変わったことです。風邪っぽいけど余り熱も出なかったのが、しっかり自分で高熱を出せるようになり、治った時とてもスッキリした顔つきになりました。また、すごく低体温だったのが、平熱も37度前後まで上がったことにも感激しました。

先生がよく、「風邪を自力で経過できるようになると、その子の自信になる」と、おっしゃっていましたが、まさにその通りで、今ではどんな熱が出てもヘッチャラな感じで、「みかどクリニックに行くから大丈夫だよ」と自分で言うくらいです。

通い始めた頃は、風邪を引くと長いと一週間くらいかかり、また風邪のぶり返しを繰り返していましたが、体質改善の時期を心音セラピーと共に過ごせたので、今はだいぶ風邪の経過も早くなりました。高熱が出ると先生に褒めて頂き、本当に体が辛いときは何も食べずにひたすら寝て経過させれば良いということがこの時期にシッカリと身に着いたようで、たくましくなったことが本当に嬉しいと共に、私も見習わなきゃとよく思います。

先生に「本当に強くなった」「格好良くなった」とたくさん褒めて頂いて、本人もすごく自信がついたようで眼の奥が力強くなりました。4歳ちょっと前から始めてもこれだけの素晴らしい変化が見られるので、生まれた直後、否、妊娠中からこの心音セラピーに出会えていれば……と、そこだけがとても残念です。

保育園やスーパーなどで、何をしても泣き止まず大騒ぎをして辛そうな子と、疲れ果てたお母さんを見ると、心音セラピーの拡がりを祈らずにはいられません。

◇ケース②

「産後、徐々に体調が悪化、自分の体を支えられない程で、子供の夜泣きもひどく家族も疲れ切っていた頃、母が三角先生の本を手にした事からみかどクリニックに行き心音セラピーと出会いました。子供が1歳3ヶ月の時です。

しばらくは2日に1度のペースで通い、心音セラピーを始めて3回ほどで夜泣きがなくなりました。更に続けていくと、左の心音の時は落ち着く、右の心音は元気が出るなど子供の様子の違いを感じるようになりました。幼稚園の頃になると、子供が右がいい、左がいいと自分で決めるようになり、心音セラピーをすると「気持ちがいい、元気になる」と言うようになりました。

はじめは必死で通いましたが、子供と共に私も元気になっていき、先生が「心音セラピーすると子供がかわいくてしょうがなくなるよ」、「子供が元気になるとお母さんも元気になるよ」と言っておられた言葉は本当になりました。

どんな親御さんも我が子がかわいいと思いますが、「日を追うごとにかわいい」この深いところから自然とふつふつと湧き上がる、溢れる感情が出てくるのは、心音セラピーのお蔭だと思います。今、子供は8歳です。この様に現在進行形で見えない絆を感じながら、日々以前よりも元気で過ごすことができています。これから先、子供が思春期の時も、独立していく時も、ずっと良い関係でいられそうな感じがしています。

◇ケース③

私の子育てにおいて、心音セラピーはなくてはならないものになりました。もし、心音セラピーをしていなかったら子供たちをこんなに抱きしめることはなかったと思います。

子育ての考え方も変わりました。

子供にとっての一番の栄養は心が満たされること、と身をもって感じさせられました。心が満たされれば子供は元気になります。子供が元気でいることは、母親にとっても幸せなことです。母親からの愛情を一番必要としている時期に心音セラピーと出会うことができ、本当に良かったと思います。

子育てで悩んでいる母親や子供を愛せないと感じる母親などたくさんいます。そんな子育て中のお母さん方にもぜひ心音セラピーを体験していただきたいと思います。そして、たくさんの子供たちやお母さんにも互いの心を感じ取ってほしいと思います。

心音セラピーを我が子に受けさせたいが九州の福岡までは……、と思われる多くのお母さん達のために、これから心音セラピストを全国に養成していこうと考えています。

心音セラピストになるための資格はとくにありません。心音セラピスト養成講座を受講し、合格すれば誰でも心音セラピストになれて心音セラピーをおこなうことができます。誰でもなれますが、母性や父性豊かな方が望ましいと考えています。

第三章　看取りについて

●介護

「限りある寿命」「人は必ず死ぬ」、このことは厳然とした事実です。古今東西、誰一人としてこの事実から逃れられた者はいません。ならば、どのような死を迎えるのか、迎えたいのか、誰でも考え、思い願うことでしょう。

しかるに、日本の今の現状はどうでしょうか。回復の見込みがなく、すぐにでも命の灯が消え去ろうとしているときでも、人工呼吸器をつけて体内に酸素を送り込まれ、胃に穴をあけられて胃瘻（いろう）を装着して栄養を摂取させられます。そして、ひとたびこれらの延命措置を始めたら、はずすことは容易ではありません。生命維持装置をはずせば死に至ることが明らかだから医師がはずしたがらないのです。

「あらゆる手段を使って生きたい」と思っている多くの方々の意思も、尊重されるべきことです。一方、チューブや機械につながれて、なお辛い闘病を強いられ、「回復の見込みがないのなら、安らかにその時を迎えたい」と思っている人もたくさんいます。

ポカーンと口を大きく開け、アー、ウーとうなり声を上げ、肘や膝は拘縮して曲がり、腕に点滴のチューブが刺さり、その周辺には幾つもの皮下出血痕。介護士・看護師などの手によって無理やり口の中にスプーンで流動食を食べさせられる無表情な高齢者。

大人の介護用おむつをし、車いすを押され、何一つ自分でしようとしない、できない高齢者。

死を敗北と捉え、一秒でも一分でも目の前の患者を生き長らえさせることが医者の責務であると考え、延命治療に専念する医師。

年金のために、親に胃瘻までつけて少しでも生き長らえさせようとする家族。

昨今の悲惨な死を見るにつけ、日本は、日本人は、死の文化さえ持ち合わせないほどの低文化国家に成り下がってしまったのか……、という強い疑念が怒りと共に私の胸の内に渦巻いてきます。

せめて、せめて、せめて、死ぬときぐらいは自然に委ね安らかに死んでいきたいものです。苦しい人生を耐え忍び生きたのだから、頭でっかちに理論武装された理屈や技術によって暴力的に人生の最後を蹂躙（じゅうりん）されたくない。管に繋がれて、外部から無理やり栄養補給され苦しみながら死んでいきたくはない。自然に、枯れるように安らかに死んでいきたい。誰しもが思い願うことです。

しかるになぜ、今日の日本ではこんな些細な願いが適わないのでしょうか。途上国の国家予算を遥かに超える45兆円（令和3年調べ）の医療費は何に、何のために使われているのでしょうか？

果たして、死は人生の敗北なのでしょうか？

病に負けたから人は死ぬのでしょうか？

死は受け入れがたく、悲惨で否定されるべきものなのでしょうか？

●死の覚悟をもたずに生きる高齢者

今の多くの高齢者の年の取り方はどうでしょうか？　若作りをし、死のことなど一切考えることなく日々過ごしてはいないでしょうか？　ましてや、残された子供や孫の行く末に役立つような逝き方など少しも考えてはいないのではないのでしょうか？

70歳過ぎて死を考えずに生きると、晩年になって慌てふためき、医療に過度に依存し、醜い老後を過ごすことになりかねません。このような高齢者が最近急増しているように感じられます。それは、長年にわたって生きる覚悟、死ぬ覚悟をもたずに、ただ仕事や生活に流されて過ごしてきたからだと思われます。

少し前の日本は、日本人はどうだったでしょうか？　日本人が死者に対して敬虔な追慕の情を抱いているのは墓地を見るとわかった、とラザフォード・オールコック［イギリスの初代駐日総領事（1809～1897）］は言っています。

「日本の墓地は、かれらの宗教のなかではもっとも注目にあたいし、かつまた心地良いものがあって、死者のいこいの場所にたいしてわれわれが当然いだく神聖な感じともっともよく調和している」

「数人の老人が手に手に灌木の小枝を捧げて墓に近づき、恭しく墓前に置く姿は、見ていて大変に美しい光景であった」「逝きし世の面影」（渡辺京二）より

どこで、何が、どのように変わってしまったのでしょうか？　アメリカによる戦後の統治戦略だという人がいます。その国を支配しようとしたら、その最も有効的な方法はその国の文化を破壊することです。確かに、今の日本の現状を見る限り、その戦

略は見事に成功していると納得はいきます。

日本人は自分の意見を主張しないためか、他に迎合する生き方を強いられているためか、「寄らば大樹の陰」と人の影に隠れて生きてきたがためか、無駄に年を重ね、年老いても自立できていない人間が余りに多いように思います。

一方、イギリスの老人は死の数ヶ月前までは自分のことは自分でし、最後はホスピスに自分の足で入所し数ヶ月して亡くなるといいます。このイギリスの老人と日本の老人の死を比較すると余りに違いすぎます。

日本は老人医療の後進国であることは間違いないが、医療だけの問題ではないことは確かです。生きる覚悟・死ぬ覚悟をもたないで生きている高齢者にも大きな責任があることは明らかです。

●親の介護をしている身近な患者さんを見て思うこと

私のクリニックに通っている患者さんに、親の介護でヘトヘトに疲れ果てている女性が何人かいます。その人たちの共通の悩みの一つに、親に優しくなれないことがあります。勿論、私に面と向かって口に出しては言わないが、言葉の端はしから窺い知ることができます。

この気持ちは、私にはよく理解できます。その大きな原因の一つに、子供が親の面倒をみるのは当たり前、子が親の世話をするのは当然であるという親の一方的な思い込みがあります。世話してもらって当然、という態度で、「ありがとう」の一言もないのです。

母親の看病をする私の姉もよく口にしていました。

「わたしがこんなに一生懸命に世話しているのに、してもらって当たり前というあの態度、本当にムカつく。「ありがとう」の一言もない。

本当に、頭にくる！」

血が近い分、その反発もまた大きいのです。親の介護で凄く大事なテクニックの一つに親との距離の取り方があります。兄弟（姉弟）の何人かで親の介護をするケースでは、その距離も比較的とり易いが、一人で介護、世話をするケースは本当にたいへんです。距離を取りようにも、他の協力者がいないのでうまく距離を取れません。その結果、介護疲れで身も心もヘトヘトに疲れ果ててしまうのです。

例えば、一人っ子で母親の介護をしているとか、兄妹がいても兄たちは知らん顔で妹一人が親の世話をしているようなケースなどです。一方、うまく父親の介護を元気な母親とともにおこなっているケースもあります。

親の介護をしている患者さんを見て特に思うことがあります。それは男の無理解、不甲斐なさです。例えば、上に兄が二人いて下の妹に親の介護、世話をすべて押し付けているケースがあります。兄たちは仕事が忙しいからというのがその主な言い分であろうが、それは単なる言い逃れであり、責任放棄以外の何物でもないのです。

特に、家を継ぐ長男であればなお更です。家を継ぐ長男には果たすべき家長としての責任、また次の世代（子供や孫）に受け渡す責任があります。親の介護・世話を妹にそのすべてを押し付けると、子供の代になって自分が世話・介護される側に回ったときにそのツケがやがてやって来ます。そのときに、しまったと思ってももう遅いのです。

それとも、子供の世話になることなく、有料老人ホームや老人介護施設に入所してその生涯を終えるのでしょうか。その先に見えてくるのが、「墓じまい」です。既に、その兆しは日本全国に出ています。墓なんて、前時代的な産物で、古臭く、手間暇がかかり今の時代には不要な存在である、と考えている人も多いことでしょう。

●現代日本の死

死が余りに日常生活から遠ざかっています。年老いた者ですら、死を考えて生きていません。若作りをして生にしがみついています。ただ仕事や生活に流され、確たる死生観をもっていない人たちもたくさんいます。死を前提に生きていないのです。それ故、当事者も、周りの家族もまた死を前にして慌てふためき、右往左往してしまいます。結果的に、医療に過剰に依存することになってしまいます。

一秒でも、一分でも生き長らえさせることが医療の使命であると考える医師が日本にはたくさんいます。しかし、死生観のない医療はむしろ暴力に近いことを知るべきです。確たる死生観をもたない医師に看取りのすべての実権を握らせてよいのでしょうか？　死にゆく人の魂の安らぎなど考慮する必要はないとでも言うのでしょうか？

いかに生きるか、いかに死ぬかはその人そのものの人生の問題です。医療で解決できる問題ではありません。「老」「病」「死」は自分で引き受けるしかありません。向き合わなければなりません。人は老いてやがて死を迎えるのは自然の摂理なのですから。

しかるになぜ、年老いて医療に過剰にすがりつくのでしょうか？　安易に医療の過剰介入を許してしまうのでしょうか？　死にゆく人には、「老いる姿」「死にゆく姿」を後に残される者たちに「見せる」「残す」「伝える」という責任と覚悟が必要です。生命の受け渡しです。

●受け渡し

生命で一番大事なこと、それは受け渡しです。次世代へ生命の質を向上させて受け渡す。

「人間には、自分の生命よりも大切なことがある。だから、守る。

そして、次へ、未来へ受け渡す。

それ故に、人間にだけ歴史がある」

貴方には、自分の生命よりも大切なものがありますか？

貴方は、自分の死で何を守りますか？

貴方は、自分の死で何を子供や孫に受け渡しますか？

死は単なる肉体の消滅ではありません。何故なら、人間には歴史があるからです。

家系には、その家の歴史（ファミリーヒストリー）があります。死によって、家の歴史が紡がれていきます。死の継承のない家系は簡単に家運が衰退します。途絶えてしまうこともあります。

それ故、死ぬ人間には**責任**があるのです。

死に様は、生き様に他なりません。いかに死ぬか、どのように死んでいくかは、その後に残る者たちにとってはとても大事なことです。やっと死んでくれたといった死に方では何の継承もできません。子孫に災いの種を残してしまいかねないのです。

肝内胆管癌でわずか53歳で亡くなった天才ラガーマン・平尾誠二さんの死が娘さん

にどのように受け渡されていったかを、ネット記事から以下に紹介します。

「子供のころから父を尊敬していましたが、病気と闘う姿を身近で見て濃密な時間を過ごしたことで、尊敬の念はますます大きくなりました。同時に、わたし自身がこれからどういう生き方をすればいいか、父に問われているようで、深く考えるようになっています。いまは子育てが最優先ですが、いつか興味のある分野で自分にできることを見つけたい。

子どもに対しては、父がしてくれたように、「こうあるべきだ」と一方的に押しつけずに育てていこうと思っています。幼いときからひとりの人間として、この子を尊重してあげたい。そして、父の話を沢山してあげたい。

闘病中の父は、母やわたしに「迷惑かけてごめん」と決して言いませんでしたが、わたしの夫には「新婚なのにごめんね」と言葉をかけてくれました。対して夫は、父の病状が厳しいと泣いて話すわたしに、仕事で遅く帰宅して疲れていても「大丈夫だよ」と優しく応えてくれた。子育てにも積極的なよき父親です。

「本当にいい人だな。この人と結婚してよかった」

心からそう思える人と家庭を築けたことが、父へのいちばんの親孝行だと思っています。

また、平尾誠二さんと母親の絆もまた凄い。抗がん剤の副作用で吐血をして緊急入院。医師から「2、3日しかもたない」と告げられる状態で、平尾さんの母親が病院に駆けつけました。

「あんた、どこへ行くんや？　あの世か？　あかん！　あの世に逝くときは、わたしに知らせてから逝きなさい。そうしたら、わたしが先に逝って、三途の川で引き戻す。まだ死んだらあかん！」

この言葉をきっかけに、平尾さんは意識を取り戻し、翌日から状態はよくなっていき、退院できるまでに回復しました。

平尾誠二さんと母親との魂からの強い結びつきと深い愛情、更にその死によって娘さんへと受け渡され、平尾家のファミリーヒストリーが未来へと紡がれていく……。

家族とは、生計をたて一緒に生活して、寝食をともにするだけの場ではありません。体質や知恵などの受け渡しがあります。親から子へ、子から孫へと。仲良し親子だけではダメなのです。

例えば、会社に社訓があります。社訓のある会社は、不景気で倒産寸前まで追い込まれても持ちこたえることができます。一方、社訓のない会社は景気のよいときは調子に乗り、不景気になるといとも簡単に倒産に追い込まれてしまいます。社訓は、会社のＤＮＡです。会社の精神性のバックボーンになっています。それ故、会社が危機に瀕したときに支える支柱となります。

これに似たものとして、家庭には家訓があります。一家の主である夫は家訓をつくり、妻は家風をつくります。

夫は、仕事をして金を稼いで家族を養うだけでは足りないのです。家系のＤＮＡを受け継ぎ、知恵を磨き、次の世代に受け渡す責務があります。その象徴として、我が国にはお盆の墓参りがあります。先祖崇拝は我が国の長く続く風習であり、伝統文化ですが、その背景には先祖から脈々と受け継がれてきた家系のＤＮＡや血の問題が潜んでいます。

しかし、かく言う私自身、父親が病気で倒れるまでのおよそ３０年間実家にはまったく寄り付かず、墓参りなどしたこともありませんでした。戦後の自由教育を受けた私は、人間は自由で、他に干渉され束縛されて生きることはおかしいと考えていたのです。

親や実家など振り向きもせず自由気ままに生きていた私を見て、教育者だった父は、「戦後の自由教育は恐ろしい」と言っていたのを今でもハッキリと覚えています。

そんな私が、父と母の死を看取ることによって気付かされたのです。日本人の知恵、伝統文化、慣習の奥深さに。墓、お盆のご先祖さまをお迎えすることの深い意味、意義を。

●悲しいけど、人は一人では死んでいけない

「三角さん、悲しいけど、人間は野生の動物のように一人では死んでいけない。他の厄介になりながら死んでいくしかない。」

私の学問の師・宮沢秀明工学博士の晩年の言葉です。確かに人間は、野生の動物のように死期を自覚して亡骸を見せることなく死んでいくことはできません。

しかし、人間には死の文化があり、自らの生命を賭して他のために生きた歴史があ

ります。しかるに、余りにも酷い死があるのはなぜなのでしょうか？　多くの人は苦しみもがきながら、無念や怨み、憎しみを抱いて旅立っていきます。これが、わが国における死の実情なのです。

ホスピス医・金重哲三氏は『末期ガンは手をつくしてはいけない』（中経出版）の中で「死に方」について以下のように述べています。

死の学びには、知識を増やし、実態を知ることで、苦しみや不安が軽減できる面と、いくら知識が増えてもその人の生き方が変わらないかぎり、こころは千々に乱れ、苦しみがますます増す面があるのです。生き方についての学びこそが、最も大切な学びであり、「死に方」なのです。

ホスピスで、多くの方の旅立ちに接して感じることとは、「死に方」は、ある意味では易しく、ある意味では非常に難しい。そして、易しくするのも、難しくするのも、誰であろう、亡くなっていく本人だ、ということです。それは、多くの患者さんの最後を共にした、わたしの経験からくる確信です。

更に、終末期医療に携わる医師について以下のように述べています。

医者は、治療することは教えられていても、安らかに死んでいくお手伝いの仕方は教育されていません。安らかに死なすのも医者の役割なのですが、そんなことを医療の現場で言えば、異端者としか見なされません。それに加えて、一般病院では、マンパワーも不足して、亡くなっていく方を安らかに看取るだけの人員体制もありません。

●リビングウィル（尊厳死の宣言書）

老人ホームなどで、少しでも食べられなくなったり、誤嚥（ごえん）性肺炎を起こすと、胃瘻を造設するために病院に入居者が送られてきます。病院側も、簡単にできて、収入になるので、すぐにこの胃瘻を造設します。

そもそも、食べられなくなったら、食べられない状態に対し何もしないでいるのは家族が辛いということで、この胃瘻に代表される延命治療が始まるのです。

実際に、胃瘻を作られて、本人の意思には関係なく、栄養を注入され、恨めしそうな、何かを訴えるような、しかも、精気のないドロンとした焦点の定まらない目を向けられると、何ともやるせない気持ちになります。生きているというより生かされているだけという状態です。

ギリシャ神話に出てくるシジフォスは、神との約束を破ったため、大きな岩を山の頂上まで、押し上げるという罰を与えられます。その岩は、あと一歩で頂上というところで麓まで転がり落ちてしまうため、毎日、毎日、永遠に終わることのない仕事が課せられています。「終わりがない」ことは、苦痛です。人工栄養という手段を使った状態は、この「終わりがない」罰を与えられたようなものであり、死ねない苦痛を、毎日、毎日、味わわされるのです。

このような状況に陥らないために、「平穏死」「自然死」を望む人が、自分の意思を元気なうちに記しておく。それがリビングウィル(尊厳死の宣言書)です。リビングウィルには法的権限はないが、書いておくと多くの医師はその意思を尊重してくれます。

しかしたとえ尊厳死宣言をしても、本人の意思に反して、家族が延命治療を要求することもあります。担当する医師が拒否する場合もあります。本人、家族、医師の同意が揃って、初めて実現するのです。

医師側にも、たいへん大きな問題が横たわっています。それは、司法が介入して、医師が殺人罪に問われかねないという懸念があるからです。過去に、医師が刑事責任を問われたケースがあります。１９９８年の女性医師と、２００６年の男性医師です。女性医師は高裁で懲役1年6ヶ月、執行猶予3年の判決を受け、男性医師は不起訴となるが、長い間にわたって殺人容疑者になりました。

リビングウィルについて近藤誠医師は『最高の死に方と最悪の死に方』（宝島社）の中で次のように述べています。

> ぼく自身は「リビングウィルは家族にむけての意思表明である」と思っています。まず、**病院に運ばれることを、なんとしても防ぐ。**―これが最大の目的です。病院に運ばれてしまうと、何をいっても時すでに遅し、ということが多いのです。リビングウィルは、家族がそれを医師らにみせて、「ほら、本人もこういっていいました」と脇を固めるためのものと心得ましょう。柱となるのは「本人の尊厳を守りたい」という、**家族の意思**です。

そして本の最後に、リビングウィルのサンプルを記しています。中村仁一医師の作成された事前指示書が、項目が具体的ですぐれているので次ページの証書を参考にしたとのこと。

リビングウィル

いっさい延命治療をしないでください。

あなたがこれを読んでいるということは、私は意識を失っているか、多少意識が残っていても、自分の意思を表明できない状態だと思います。

そのときに備えてこのリビングウィル（事前の意思表明書）を書いたので、どうか希望を叶えてください。万一病院に運ばれて、医師の方が診療に当たっている場合にも、以下の希望にそってください。

・意識を失った場合、救急車を呼ばないこと
・心停止の場合、蘇生術を行わないこと
・往診してくれる医師がいれば、呼んでもよい
・人工呼吸器はつけないこと
・人工呼吸器がつけられている場合には、外すこと
・開頭手術はしないこと

・人工透析はしないこと
・点滴はしないこと
・栄養補給のための濃厚点滴や胃ろうはやめること
・自宅や施設での食事介助はやめてください
・水を飲ませることも不要ですが、氷の一片を口にふくませてくださることは歓迎します

以上です。

年　月　日

自筆署名

証人署名　印

●還暦後の身体的特徴　60歳と70歳の壁

◇還暦は人生の折り返し点

かつては、人生50年と言われていましたが、今では80歳、90歳まで、当たり前に生きる時代になりました。私たちは、予想もしていなかった長寿社会に直面しています。未だかつて経験したことのない長寿社会を目の前にして、医療機関や高齢者、多くの人たちは戸惑い、翻弄され、その対処法を模索しています。この長寿社会を私たちはどのように生きていけばよいのでしょうか。

人生には、「青春」「朱夏」「白秋」「玄冬」の4つの季節があると言われています。今は、人生120年を考える時代です。となると、生まれてからの30年間が「青春」、30歳から60歳までが「朱夏」、60歳から90歳までが「白秋」、90歳から120歳までが「玄冬」となります。

そして、人生の折り返し地点は60歳の還暦です。前半の60年は、汗水をかきながら身体を動かし、欲（地位名誉欲、色欲、物欲など）に翻弄されながら喜びと悩み多きときを過ごします。

還暦後の60年は、身体から精神へとシフトして生きるときです。他のために生きる歓びや生き甲斐を見出し、趣味などで豊かな心、精神を高めます。また、前半の60年間をどのように過ごしたかが問われるときでもあります。若者に頼られ、若者から人生を正しく生き抜く知恵を請われれば良しだが、未だ、金や物欲に必要以上に固執するようでは未熟と言わざるを得ません。

ちなみに、私は今73歳なので「白秋」となり、人生の秋を生きていることになります。農作物に例えるならば収穫期です。私的には、確かに人生の収穫期に来ていることを実感しています。「天命」を知り、その「天命」を全うするために全力で今を生きています。

身体的に捉えるならば、還暦は身体のターニングポイントに当たります。女性は、閉経する更年期です。身体をリセットして、次の60年間に備えるときです。ここでうまくリセットできないと、年齢を重ねる度に身体は壊れていきます。

当然、食事も変わってきます。食べる量と質が変わってくるが、還暦過ぎても同じものを、同じ量を食べるようでは還暦後の60年間の健康を放棄したに等しい。食い改めるは、悔い改めるに通じます。食い改めると、お腹が軟らかくなってきます。お腹を触って硬く、パンパンに張っているようでは話にもなりません。

◇60歳と70歳の壁

70過ぎると60代との違いがハッキリと体感できます。60代はまだ体力の勢いがあるが、70歳を過ぎてくるとまったくなくなります。それはまた、天然資源が枯渇して電力供給がままならなくなるとも言えるでしょうか。身体が冷え、頻尿、足腰の冷え、尿漏れなどの症状が顕著になり、すべての身体機能が脆弱になり、身体は硬く強ばり、そして、歯や骨の髄が弱ってきます。

60歳の壁は、季節感に例えるならば夏を過ぎてもまだ残暑が残っている初秋です。身体的には、まだ暑さという欲が残っており、具体的には、食欲や性欲それに自我を通す欲（自己顕示欲）等々が挙げられます。

60代は欲を削ぎ落とす時期なのだが、未だ欲は色濃く残っています。例えば、空腹感がなく常に腹いっぱい食べるといった食欲に翻弄される人、バイアグラなどの強壮剤まで飲んで性欲に翻弄される人、自分のことを棚にあげて他人や妻や夫の批判や愚痴ばかりを言って周りから忌み嫌われている人等々。十人十色です。

　人間の欲というのはたいへん厄介な代物で、還暦を迎えたからと、そう簡単にはそれまでの生活習慣を変えることはできません。性格だってそうです。怒りっぽい性格はそう簡単に治るものではありません。愚痴の一つや二つ言いたくもなります。

　衰えてきた精力を強壮剤に頼って復活させ、性を楽しみたいと思うのは男性なら皆持っている強い願望だと思います。美味しいものだって、腹いっぱい食べてみたい。いろんな所を旅行して、いろんな美味しいものを食べたい。男女を問わず、誰しもが抱く願望でしょう。

　だからこそ、１０年という歳月が必要とされるのです。60歳を過ぎてから、まず生活習慣を変えることを意識することがその第一歩です。一朝一夕にそう簡単にできるわけではないが、意識するとしないでは１０年後の70歳を迎える頃には大きな差が生じます。

　70歳の壁は、冬を迎える前の本格的な寒さに向かう晩秋です。身体的には、木々が葉を落として冬の寒さに備えるように欲を削ぎ落とすことが大事になってきます。

　70代の身体には、60代の欲の残渣（ざんさ）と痕跡が深く刻まれています。食欲に翻弄された身体は、お腹が硬くガスが充満しています。その結果が糖尿病、脂質異常症、高血圧等々です。強壮剤まで使って性に執着した身体は、前立腺がん、腎臓の働きが極端に弱くなってきます。俗に言う「腎虚」です。腎虚になると、骨が脆（もろ）くなり、物忘れがひどくなり、脳の病気などに罹りやすくなります。世間を騒がせた、“紀州のドン・ファン”と自らを称した男性などはその典型です。脳梗塞を2回患い、オムツに大小便を漏らし、77歳で非業の最期を遂げています。性に翻弄された男の哀れな人生の末路です。

しかし、70歳に再び壁があるということは、60代の１０年間では欲の制御ができない、もしくは難しいことを意味しています。それ程に、人間の欲は深いということでもあります。だから、70歳で再び身体をリセットするチャンスを神から与えられているということでもあるのです。

70歳を迎えると、60代に比べて明らかに欲が落ちてきます。それ故、60代に比べて欲を制御しやすくなってきます。特に、性欲は顕著です。しかし、食欲は未だ健在です。このことは、断食をするとよく分かります。食を絶つと、まず性欲が落ちてくるのですが、食欲は最後の最後まで残ります。それほどに食欲を制御することは難しいということです。或る食養の大家はいみじくも言っています。

「人間は食欲のオバケだ！」

それ故、70歳の壁は口を慎むことに尽きます。具体的には、食を慎む、言葉を慎むことです。腹八分を守り、人の悪口や汚い言葉を口に出さないことです。言葉を慎めば人間関係のイザコザや争いが少なくなり、日々の生活がたいへん楽に過ごしやすくなってきます。口は災いの元です。

70代で病院通いをし、降圧剤をはじめ何種類もの薬を服用している人はたくさんいます。神の采配に気付かず、神の約束手形を手にしないのは余りに勿体無いです。最後の最期まで肉体を上手に使い切ってあの世へと旅立ちたい。私はそう思います。

◇80代に急に元気がなくなるのは？

70代を若々しく、元気に活発に過ごしても、80代になると途端に元気がなくなり、物忘れがひどくなり覇気がなくなってくる人たちがいます。このような人たちは、自分から積極的に60歳と70歳の壁を乗り越えてきたわけではなく、生まれ持ったＤＮＡによるところが大きいと思われます。

一方、60歳と70歳の壁を自力で乗り越えてきた人は、80代になっても若々しく、元気に生きるための処方箋が身についています。例えば、空腹の快感、お腹が空いたら食べる、柔らかいお腹、冷えへの対処法、よく歩く、お風呂の入り方、病院の薬に頼らない、自分に合った治療（症状を抑える治療ではなく、自然治癒力を高める治療）を定期的におこなっている等々。

60代と70代の２０年間を無為無策に過ごした人と、自力で身体を整え、欲を抑制し折り合いをつけた人とでは大きな差が80代になってから如実に出てきます。80代、90代を持って生まれた資質だけでは若々しく、健康に過ごすことはまず不可能と知るべきです。

第四章　終末期医療について

●終末期医療

ドイツのある養護老人ホームでは、入居者はそのホームで死を迎えることがほとんどだそうです。病院に移されることは稀で多くの場合、徐々に食事がとれなくなって衰弱し、老衰と判断され、そのまま見守っているうちに静かに息を引き取ります。

デンマークでは「自宅で死にたい」と意思表示しているお年寄りは、ほとんどの場合、願いが叶うそうです。最後の最後、食事も受け付けず水も飲めなくなったとすると、日本だったら病院に運ばれて、経管栄養や点滴が行われます。こちらでは、水が飲めなくなったらおしまいです。もう死ぬとわかったら、点滴もやりません。延命策はとらないし、病院にも運びません。そして、担当のドクターの往

診記録にドクター自身の手で「もう治療しません」といった言葉が記されるのだそうです。これらが欧米の感覚です。

しかるに、我が国ではこれでもかこれでもかというぐらいに延命治療がおこなわれています。寝たきりになり認知症が進行し、さらに口から充分に食べられなくなった場合、そのまま入院し続けられると急性期病院は大変困ることになります。そこでどうするか……。**「とりあえず、胃瘻」**となるのです。

胃瘻さえしておけば、とりあえず栄養補給が確保され、在宅移行にせよ介護施設にせよ、老人アパートやサービス付き高齢者住宅にせよ、次の施設に移ることが可能になるだろうと「先手」を打つのです。実際、世の中には「胃瘻専門の老人マンション」まであります。

人は必ず死にます。当たり前だと分かっていても、いざ自分の親の死に直面すると、**本人の意志に関係なく、**家族は延命措置を強く希望するのが今の日本の常です。そして、医師は家族の要望に沿うべく「できるだけ生かす」ことに尽力することになります。

子供たちが生前の親の希望を尊重して延命治療を拒否し、主治医もその希望を認めても、事はそう簡単にはいかないことは終末期医療の現場では多々あります。例えば、めったに見舞いにも来なかった親戚の一人が、ある日突然に見舞いに来て、

「なぜ、治療を受けさせない。十分な医療を受けさせるのが、子が親にできる最後の親孝行ではないか！」

と、声高に正論を強く主張されると、子供たちは前言を翻していとも簡単に生前の親が望まなかった延命治療が始まってしまいます。

「延命措置を望みますか？」という主治医に、母親の死は到底受け入れられないと延命を強く望む兄。こんな兄に対して、妹がお母さんは延命措置を生前には望んでいなかったはずと諌める。

しかし、妹の言葉は無視され、延命治療によって母親は3年も4年も植物人間状態に。延命措置は望まないという生前の母親の切なる願いは、いったいどこに……。そして、兄はいつしか病院に見舞いにも来なくなり、妹に任せっきりとなる。

親の年金で暮らしている子供は、親に死なれたら生活が困窮してしまいます。そこで、

親の年金目当てに胃瘻までつくって少しでも生き長らえさせようとする。父親はベットの上で口を大きくポカーンと開き、アー、ウーとうなり声をあげ、肘や膝は拘縮してひん曲がり、目は虚ろに開き、腕や首には点滴の管、お腹には胃瘻……

終末期医療の現場は人生の縮図でもあります。いろんな人間たちの思惑が複雑に交錯しています。そんな中で、救命救急センターは高齢者で一杯となり、長期入院の受け入れ先を探すことになります。

さらに急性期病院では在院日数が長くなると診療報酬が減るため、退院へのプレッシャーが強くなります。そして、受け入れ側では、手間の掛かる食事介護に充分な人手がないことから、胃瘻が受け入れ条件となるのです。

また、受け入れ側の医療機関では、濃厚医療を行わざるをえない理由もあります。というのも、財源を握る国側が、医療費抑制のために2年ごとに診療報酬を下げてくるため、経営のために濃厚医療が必要となるのです。ベッド数は簡単に増やせないから、診療報酬が高くなる中心静脈栄養や、人工呼吸器装着を行うことで、単位あたりの利益を増やす経営判断が働くわけです。

また、十分な延命措置を怠ったとして、遺族から訴えられる恐れもあります。たとえ延命を希望しないというリビングウィルがあっても、法制化されていない以上、訴訟リスクを避ける運営になるのは当然といえば当然ですが……。

●孤独死

過剰な医療の介入によって自然に枯れるように死んでいけない病院での死と、独りひっそりとアパートの一室で誰に看取られることなく死んでいく孤独死のどちらが安らかな死なのでしょうか?

どちらかの死を選べと二者択一を迫られたら、私なら即座に後者を選びます。なぜなら、それほどに病院での死は非人間的であり、悲惨であることを熟知しているからです。

しかし、孤独死もまた悲惨であることに間違いありません。結城康博氏著『孤独死のリアル』(講談社)によれば、「孤独死」で亡くなる人の数は年間で3万人と推計されています。1日に100人近くが孤独死している現状があるそうです。

著者によれば、寿命が長い分、独り暮らし高齢者の割合は女性の方が多いが、「孤独死」するのは男性の場合の方が多いそうです。「孤独死」で亡くなる人のうち、男性の割合は全体の7割以上を占めています。

「孤独死」と一口にいっても、発見される日数によってその悲惨さは異なってきます。死後2、3日中に発見される遺体は周りから気にかけられていた存在であり、必ずしも悲惨な状態とは言えません。だが2週間から1ヵ月以上も経った場合は、遺体からの異臭や窓にたかる蠅などの異変に近所の住民が気づいて行政担当者や警察が部屋に入って発見されることになります。

遺体は腐ると、身体の脂が滲み出て液化するため、家の床もすべて張り替えなければならない状態になります。夏だと遺体の損傷は早いし、冬場でもコタツに入ったままで下半身がミイラ化した遺体や電気毛布の中で発酵した遺体等、暖房が遺体を腐らせてしまうこともあります。

孤独死した遺体を処理した知り合いの業者に言わせると、部屋に入った瞬間に強烈な異臭と得も言われぬ空気に圧倒されるそうです。亡くなった人の怨念や孤独感・悲しみなどが部屋全体に染みついていると言います。目をそむけたくなる。それが、「孤独死」の実情だと。

残された遺族にとっても、身内の孤独死は大きなトラウマになって残ります。生涯、なぜ連絡を取らなかったのかとずっと自分を責め続けることに……。また、その被害は周囲にも及んで、アパートやマンションだと隣人は引っ越しを余儀なくされることもあります。警察の家族への事情聴取で家族関係を根掘り葉掘り聞かれることから二重にショックを受けることにも。金銭面でも、多額の清掃費や遺品整理費などがのしかかってきます。

●終末期医療の現場の医師たちの声

現代日本の老人医療は、極端な「延命至上主義」に傾いています。老人の「看取り」に最も近いところにある筈の特別養護老人施設でさえ、死にそうになったら病院へ送ることが常識化しているのが現状です。

しかし、現場の医師からも終末期医療に疑問の声があがってきているのも確かです。その先駆けとなったのは、２００４年2月に出版された『末期ガンは手をつくしてはいけない』（中経出版）ではないかと思います。ホスピス医・金重哲三医師は、終末期医療の実情、死に方について以下のように述べています。

ホスピスの医師をしていて、暗澹（あんたん）とした思いになることがあります。それは、患者さんご本人が「悔いを残して旅立たれたのではないか」と、感じる時です。それも、ホスピスという、ある意味では、死を覚悟をして入ってくる患者さんやご家族でさえ、そのような思いを抱かせることが多いのです。となると、ホスピス以外で、死を迎える方々の場合は、心残りや悔いを抱いての旅立ちがもっともっと多いのだろうと思われます。

事実、一般の病院での死は、かなり悲惨だという印象を持っています。そんな悲惨な現実をもたらすのは、**最後まで治療にすがる患者さんと家族の側の問題**でもありますが、亡くなっていく方を看取る医療者側に、知識と技術が欠けている面もあります。

医者は、治療することは教えられていても、安らかに死んでいくお手伝いの仕方は教育されていません。安らかに死なすのも医者の役割なのですが、そんなことを医療の現場で言えば、異端者としか見なされません。それに加えて、一般病院では、マンパワーも不足して、亡くなっていく方を安らかに看取るだけの人員体制もありません。

この悲惨な臨終をもたらしているのは、医療制度や医療者の問題が大きなウェイトを占めているのですが、**さらに大きな問題が、亡くなるご本人・ご家族の問題でもあります。**これは、一般病院だけではなく、ホスピスでも問題なのです。

食べられない状態になると、必ずといっていいほど、家族は「点滴をしてほしい」と言ってこられます。いくら前もって点滴の害を説明していても、駄目です。日本人の頭には、「食べられない＝点滴」という公式ができあがっているのです。現実には、こんな点滴は、どちらかというと収入目的であって、医療とはほど遠いのですが、世の中に広まってしまうと、一般市民にも、天下の宝刀のような誤解を生んでいます。ホスピスで点滴は、基本的には行いません。その理由は、点滴をすることによって、次のような問題が起きるからです。

○手や足にむくみがきます
○肺からの分泌物が増えて、喘鳴がひどくなり喉が詰まったようになります
○腹水や胸水のある人は、瞬くうちにこれらの水が増えてお腹の張りや呼吸の苦しさが増します
○「食べる」という大切な行動が阻害されます
○血糖値が上がるため食欲が減退します
○点滴したところは、青くあざになります
○点滴を刺すのが一回ではすまなければ、痛い思いを何度もします
○何よりも、点滴されているあいだは、拘束状態です、身体も心も

その6年後に、東京都世田谷区の特養、芦花ホームで常勤医の石飛幸三医師が、2010年2月に出版された「『平穏死』のすすめ」（講談社）が世に出ました。

○病院では点滴や経管栄養や酸素吸入で無理矢理叱咤激励して頑張らせる。

顔や手足は水膨れです。我々は医療に依存し過ぎたあまり、自然の摂理を忘れているのではないだろうか。

○医学はどこまでも進歩し、人の死までコントロールできるような錯覚にとらわれている。

○医療処置を施さない自然な死、それを「平穏死」と名付けた。だが、多くの医師は自然死の姿がどのようなものか知る機会がありません。だが、こういう私自身、病院で働いていた４０年以上の間、自然死がどのようなものか知らなかったのです。

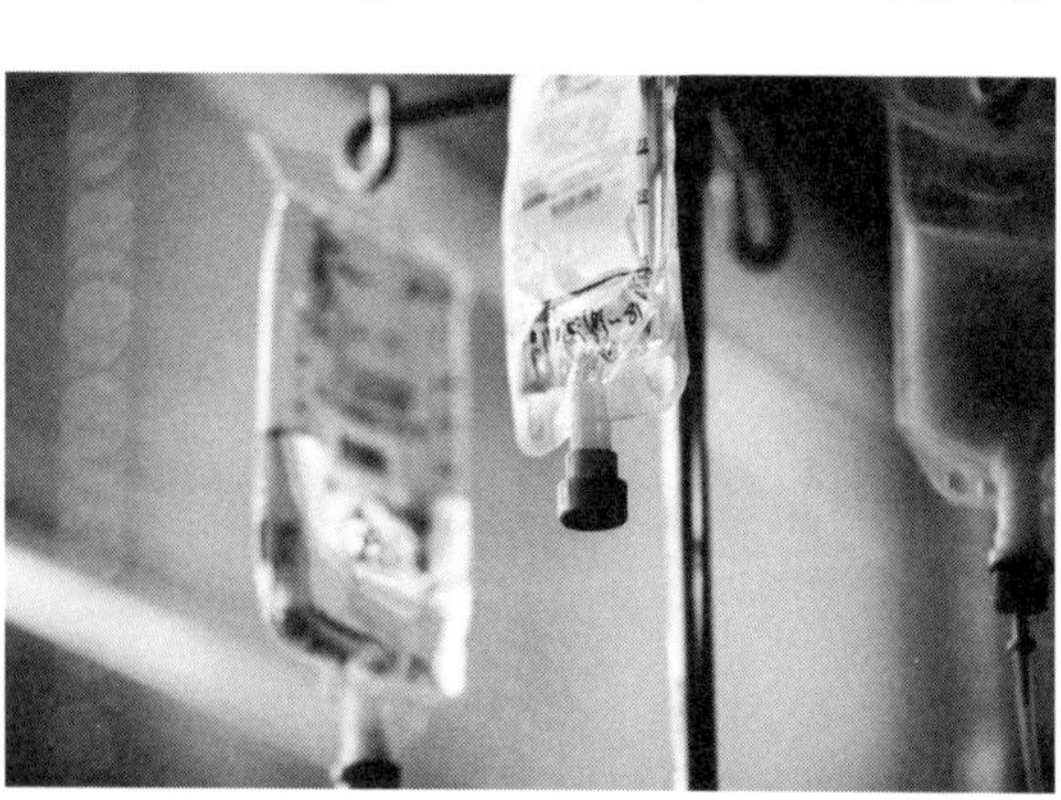

さらにその2年後に、京都市にある特養、同和園の付属診療所所長・中村仁一医師の「大往生したけりゃ医療とかかわるな――自然死のすすめ」（幻冬舎新書）が世に出ました。

○大病院の医者は人間が自然に死ぬ姿を見ない、知らない。

○枯れる死を妨害するのが点滴、酸素吸入の延命治療である。
○老いを病にすり替えてはいけない。

北海道中央労災病院院長・宮本顕二医師と桜台明日佳病院認知症総合支援センター長・宮本礼子医師は、『欧米に寝たきり老人はいない』（中央公論新社）で次のように述べています。

日本では高齢者が人生の終わりに食べなくなると、点滴や経管栄養をするのが当たり前でした。スウェーデンに行くまでは、どういう状態の人であっても命は可能な限り延ばさなくてはいけないと思っていました。

しかし、スウェーデンで点滴しないことに私が驚くと、「ベッドの上で、点滴で生きている人生なんて、何の意味があるのですか?」と逆に聞かれてしまいました。そして、「スウェーデンも昔は高齢者が食べなくなると点滴や経管栄養を行っていましたが、20年かけてなくしました」と言っていました。

オーストラリア政府みずから「高齢者介護施設における緩和医療ガイドライン」を2006年に作成しています。その中の一部を紹介します。

○高度認知症においては、感染症（主に肺炎）に対する積極的な治療（抗菌剤の静脈投与）は推奨されない。むしろ、解熱剤の投与や短期間の抗菌剤の経口投与が症状緩和のために有効である。

○食欲がなく、食事に興味をなくした入所者に対しては無理に食事をさせてはいけない。

○単に栄養状態改善のための積極的介入は倫理的に問題を含んでいる。

○脱水のまま死に向かわせることは悲惨であると思うことが輸液を行う理由にあるが、緩和医療の専門家は経口栄養や輸液は有害であると考える。

○脱水と口渇は異なるものであり、混同してはいけない。

○口渇は少量の水や氷を口に含ませることで改善するが、輸液を行っても改善しない。

○最も大切なことは入所者（患者）の満足感であり、最良の輸液をするかどうかではない。

精神科の和田秀樹医師は、「医者よ、老人を殺すな」（ＫＫロングセラーズ）で次のように述べています。

財政破綻で、市立病院が閉鎖され、市内にＣＴもＭＲＩも一台もない上に、救急病院すらなくなった北海道の夕張の市立診療所の前院長のインタビューを最近読んだ。高齢化率４５％の日本一の自治体なのだが、その閉鎖後に死亡率も、医療費もすべて下がったというのだ。心疾患も、ガンも肺炎も、すべて死亡率が下がったという。

この前院長に言わせると、医者に頼ることをなるべく減らし、生活習慣を変えたことが成功の秘訣だという。少なくとも、薬漬け医療が、老人を弱らせ、殺してきたのは確かなようだ。

１０５歳で老衰死した日野原重明医師も、現実の高齢者向けの医療、とりわけ大病院での医療に疑問を投げかけた一人です。『医と命のいしずえ』（同文書院）で自戒の念を込めて書かれています。

●楽に死ぬために、救急車を呼ぶな

現代医療のがん治療の批判を続けている近藤誠医師は、『最高の死に方と最悪の死に方』（宝島社）の中では、以下のように述べています。

楽に死ぬために、
最大のポイントは「高齢になったら、脳卒中などで倒れても救急車を呼ばない」こと。生き延びても寝たきりになるのが関の山だから。ぼくは家族に「救急車を呼ぶな」といっている。

では救急車を呼ぶと、実際にはどうなるのでしょうか？　たいへん参考になる記事が、令和元年8月8日のネット上に掲載されていたので以下に紹介します。

昨年9月に県内の消防署救急隊が蘇生処置を中止し、望み通り在宅での最期を迎えた男性患者の家族が北日本新聞の取材に応じ、当時の状況を語った。いったん着手された蘇生処置に抱いた戸惑い、救命を任務とする隊員への思い…。現場は関係者の苦

悩が交錯した。あれから約1年。みとった家族は今も信じている。「お父さんは喜んで逝ってくれた」（編集委員・宮田求）

患者は末期がんの80代男性。昨年5月ごろから容体が悪化し、入退院を繰り返した。入院中は「うちへ帰りたい」と何度も口にした。その思いは家族や医療スタッフに受け入れられ、7月下旬に退院。医療用麻薬でがんの痛みを抑えつつ、在宅生活を送った。「死ぬまで、うちにおる」死を覚悟したような言い方を耳にした家族らは「このまま（穏やかに）最期を迎えたいということだな」と受け止め、訪問看護師らと擦り合わせた上で、自宅でみとることを決めた。容体が急変したときは蘇生処置を避けるため、１１９番せず、訪問看護ステーションに連絡することにしていた。

最期の時を迎えたのは9月初旬だった。その日の夕方、苦しそうに呼吸する様子に、妻と長女らの心は揺れた。直前に妻と言葉を交わし元気そうに見えていたこともあり、「病院へ連れて行けば、持ち直すのではないか」との思いもあった。訪問看護師に連絡を取りつつも、１１９番した。

ところが、救急隊員らが到着した時には心肺停止状態に陥っていた。蘇生処置を始めるため、隊員らが胸をはだけると、かつて心臓病の手術を受けた時の傷跡が長女らの目に映った。その上から心臓マッサージをする様子が痛々しく、「そんなに強く押さえないで」「やめて」と頼んだという。

隊員らが所属する消防署が運用する指針では、本人の意向を示した書面などを確認した上で、かかりつけ医らの指示を得れば、蘇生を中止できるとされているが、このケースでは書面がなかった。

隊員は「申し訳ありませんが」という意味合いの言葉を口にしながら、蘇生をしなければならないと説明した。「救急車を呼ぶと、こうなるのか…」家族は自らの行動が招いた結果に戸惑ったという。

最終的には、隊員が電話で主治医の代理の医師から指示を受け、蘇生を中止した。書面が示されず、医師が現地で患者の状態を確認しないまま中止に至った手続きに課題が残ったものの、家族の願いはかなえられた。「病院に運ばれて亡くなっていたら、後悔していた」長女は心境を語る。

隊員らは、しばらくその場に残り、遺体を清める「エンゼルケア」を手伝った。葛藤の末の光景に、長女は「(隊員らと)心が通じ合った」と考えている。

●死の間際に魂が浄化される瞬間　母の死

死の間際に、魂が浄化される瞬間が訪れます。

このことを、私は母の死で実感をもって体験することができました。生前、どのような悪態をつこうが、身勝手で周りに迷惑をかけようが、周りから忌み嫌われようが、体力がなくなり意識が朦朧（もうろう）となってくると、魂の浄化の準備が始まります。

◇母の死

父亡き後、残された母の介護は実にたいへんでした。父の重しが取れると、母の地が表にあらわになってきました。これまでため込んでいた不平・不満、恨みつらみなど諸々が噴き出てきたのです。他の迷惑などまったく考慮せずに自分のことしか言わない、言うことを聞かない、聞く耳も持たない。私や姉たちはその身の回りの世話に振り回され、右往左往しました。

母とはよく対立し、汚い言葉で互いによく罵り合いました。しかし、私には三角家の跡取りという自覚があったので、どんな親であろうが、恨みつらみ、怨念を残して死なせてはいけない、親にそんな死に方をさせると、子や孫に、三角家の生末に災いをもたらすと真剣に思っていました。

とはいえ、生身の人間であり、未熟な私には多少なりとも荷が重かったのも事実です。すぐ上の姉と一計を案じて、母との関わり方に芝居じみた演技をしたことは一度や二度ではありません。私一人ではとても母には太刀打ちできなかったでしょう。

しかし死の3年ほど前から、母との距離をうまく保つことができるようになりました。互いに激しく衝突することもなく、近くの中華レストランやホテルのバイキングには足繁く通いました。母の90歳の卒寿のお祝いは、子や孫たちが集まりホテルの中華料理店でおこないました。また、母が大好きな映画俳優・里見浩太朗の歌謡ショーや大相撲の九州場所では砂かぶり席で観戦もしました。

「住んでた田舎で、こんな素晴らしい想いをした者は誰もいない。

私は幸せ者だ。

ありがとう」

元気だった母も次第に自力歩行ができなくなり、死の2ヶ月ほど前から車いすの世話になるようになりました。車いすで近くの中華レストランで食事をしても、口にするのはスープとケーキ類が少しだけだが、私や孫に囲まれて食事をするのが嬉しくて、「ありがとう」をよく口にするようになりました。

ベッドに寝たきりになったのは死の10日前です。私がベッド横で声をかけると目を開けて微笑むが、声を出すことはありませんでした。最後は、マンションの一室で子や孫に囲まれて何ら苦しむことなく安らかに息をひきとりました。死亡診断書には私の手で老衰と書きました。

父が亡くなって13年後に母が亡くなりました。享年92歳。その死に顔は、まるで童女、聖女のように綺麗でした。そんな母の死に顔を見た姉の一人が思わず叫びました。

「あのおばあちゃんが……こんな綺麗な顔で死ぬなんて！

たいさん（私のこと）、お願い！

私が死ぬときも、おばあちゃんのときと同じようにしてね！」

母を看取ることで、私は人間は死の間際にこそ

最高の魂の浄化がなされることを真に理解することができた。身をもって体験することができました。最後を看取った私や姉たちには、生前の母の嫌な想い出は一切無くなり、見事に死んでいった母の良い想い出しか残っていません。確かに、父は人格者らしい見事な死であったが、母の死は私に実に多くのことを学ばせてくれました。

苦労や嫌なことは多々あったが、それはまた、私に看取りの神髄を理解させるため、未熟な私に多くのことを気付かせるための母の愛情・思いやりではなかったか、と今では思っています。

「分かったであろう。
親を介護することの意味が。
親を看取ることがいかに大事であるかを。
人間が死んで亡くなるという意味を。
お前も苦労したと思うけど、多くのことを学んだであろう。
お前はよく頑張った。合格点をあげよう。
お前を子として持った私は、本当に幸せ者だよ」

そして今、亡き母は三角家の守護霊になった。いま現在でも私はそう思って、仏壇に手を合わせています。

魂などと言うと、何をうさん臭い事言う奴だと思う医師が殆どだと思うが、看取りの現場・終末期医療では魂という概念を受け入れた方が患者さんは安らかな死を迎えられる、と私は断言できます。一秒でも一分でも生かすことが医者の責務だという考え方は、看取りの現場では通用しません。欧米の医師たちから「日本のドクターは死にゆく人間を太らせる」と揶揄されているのを、日本の医師たちは果たして知っているのでしょうか？

人間の死は医学だけではなく、宗教、哲学、文化などが関わる必要があります。死の領域に医療だけが深く入り込むことはたいへん危険なのです。今の日本の終末期医療・看取りの現場の悲惨さを見れば明らかなことです。

●患者の権利に関する世界医師会（WMA）リスボン宣言

１９８１年９月、１０月ポルトガル・リスボンにおける世界医師会第３４回総会で採択され、１９９５年９月インドネシア・バリにおける同第４７回総会にて改訂されました。

前文

医師、患者、社会一般という3者間の関係は近年著しく変容して来ている。医師は常に自己の良心に従い、患者の最善の利益のために行動すべきであるが、患者の自律と公正な処遇を保障するためにも同等の努力を払うべきである。本宣言は医療従事者が是認し、推進すべき患者の主要な権利を全てではないが列挙したものである。医師およびその他の医療に従事する者・機関はこれらの権利を認容し擁護する共同の責任を有する。法律や行政、あるいはその他の機関や組織が患者の権利を否定する際には、医師はその権利の保証あるいは回復のため適切な手段を講じねばならない。ヒトを対象とする生物医学(biomedical)研究（治療を目的としないものを含む）においても、被験者には研究を目的としない通常の治療を受ける患者と同等の権利や配慮が与えられるべきである。

（尊厳性への権利）

患者は人道的な末期医療（ターミナルケア）を受ける権利、およびできる限り尊厳と安寧を保ちつつ死を迎えるためにあらゆる可能な支援を受ける権利を有する。

（宗教的支援を受ける権利）

患者は霊的および倫理的慰安（自分で選んだ宗教の聖職者の支援を含む）を受ける権利を有し、また拒絶する権利も有する。

第五章　人生の始まりと終わりが変わると、日本が変わり、世界が変わる

●明治初期の日本の子育て

今から百数十年前の明治初期の頃、現代の日本人が完全に見失っている日本人像、子育て、親子の風景を異邦人たちが、どのように観ていたのかを『逝きし世の面影』（渡辺京二）から引用します。

「私は日本が子どもの天国であることをくりかえさざるを得ない。世界中で日本ほど、子どもが親切に取り扱われ、そして子どものために深い注意が払われる国はない。ニコニコしているところから判断すると、子どもたちは朝から晩まで幸福であるらしい」

「私はこれほど自分の子どもに喜びをおぼえる人々を見たことがない。子どもを抱いたり背負ったり、歩くときは手をとり、子どもの遊戯を見つめたりそれに加わったり、たえず新しい玩具をくれてやり、野遊びや祭りに連れて行き、子どもがいないとしんから満足することがない。他人の子どもにもそれなりの愛情と注意を注ぐ。

父も母も、自分の子どもに誇りをもっている。

毎朝六時ごろ、十二人から十四人の男たちが低い塀に腰を下ろして、それぞれ自分の腕に二歳にもならぬ子どもを抱いて、かわいがったり、一緒に遊んだり、自分の子どもの体格と知恵を見せびらかしているのを見ていると大変面白い。その様子から判断すると、この朝の集まりでは、子どもが主な話題となっているらしい」

「注目すべきことに、この国ではどこでも子どもを鞭打つことがほとんどない。子どもに対する禁止や不平の言葉は滅多に聞かれないし、家庭でも船でも子どもを打つ、叩く、殴るといったことはほとんどなかった」

「赤ん坊が泣き叫ぶのを聞くことはめったになく、私はいままでのところ、母親が赤ん坊に対して癇癪を起こしているのを一度も見ていない」

「怒鳴られたり、罰を受けたり、くどくど小言を聞かされたりせずとも、好ましい態度を身につけてゆく」

「日本の親は子どもを放任しているのではなかった。子どもは小さいときから礼儀作法を仕込まれていたし、親の最大の関心は子どもの教育だった。あまやかしや放任にみえたのは、親が子どもの玩具にも遊戯にも祭礼にも干渉しないからだった。

菓子を用意していて子どもたちに与えると、彼らはまず父か母の許しを得てからでないと、受け取るものは一人もいなかった。許しを得るとにっこりと頭を下げ、他の子どもにも分けてやる」

「日本の子どもは自分たちだけの独立した世界をもち、大人はそれに干渉しなかった。日本の子どもが他のいずれの国の子どもたちより多くの自由を持っていると感じた」

子どもの身体についても言及しています。

「子どもの身体は頑丈で丸々と太っていて、その赤い頬が健康と幸福を示していた」

「何とかわいい子ども。まるまると肥え、ばら色の肌、きらきらとした眼」

「どの子もみんな健康そのもの、生命力、生きる喜びに輝いており、魅せられるほど愛らしく、仔犬と同様、日本人の成長をこの段階で止められないのが惜しまれる」

「日本が非常に愛情深い父であり母であり、また非常におとなしくて無邪気な子どもを持っていることに、他の何よりも大いに尊敬したくなってくる」

「日本人は確かに児童問題を解決している。日本の子どもほど行儀がよくて親切な子どもはいない。また、日本人の母親ほど辛抱強く愛情に富み、子どもにつくす母親はいない」

明治初期の日本には、愛情深い父親、母親がいて、子供は健康そのもの、生命力、生きる喜びに輝いており、魅せられるほど愛らしかったのです。まさに、子供の楽園であったことが分かります。

次に、子供が変わることによって、家族全員が変わった二つのケースを紹介します。病弱な子供をもつ母親は苦労が多く、まことに気の毒です。が、子供が健康で元気になれば子育ては本当に楽しい。子供の笑顔は、家族全員を幸せのオーラで包み込んでくれます。

●アトピー性皮膚炎　1歳2ヶ月の男児

顔は赤くただれ、肘や膝の裏さらには背中全体にアトピー性皮膚炎特有のかきむしった赤くただれた皮疹を認める。待合室で待っているときは、何ら喋ることなく体中を掻きむしり、無表情でぼーっとしている。子供としての覇気をまったく感じられない。週2回の心音セラピーをおこなう。母親にはステロイド軟こうの使用は控えるようにアドバイスする。

「今の年齢なら、アトピー性皮膚炎は治ります。

しかし、ステロイド軟こうを使用して大人になると、まず治りません。だから、今の間だけ少し我慢しましょう」

当然、ステロイド軟こうの使用を中止すると、一時的に皮膚の症状は悪化します。この子もその例にもれず、皮疹は広がり、さらに赤くただれた皮膚から浸出液が多量に浸みだしてきました。

こんな孫の様相をみた夫の母親から、「私は息子のアトピーをステロイド軟こうで治したのに、嫁の貴女は我が子をこんな酷い状態にして何もしないでほったらかしにしている。何ていう母親なの！」と、激しく批判、罵倒され、夫からも強く責められてしまいました。

しかし今なお、夫の体にはアトピーは残っており、ステロイド軟こうを使っても治っていないという不信感と、皮膚の状態が悪化してゆく我が子は、これからどうなっていくのだろう…と不安ばかりが募る。そんな母親に対して、私は以下のように叱咤激励しました。

「お母さんの気持ちはよく分かります。我が子のアトピーが治るのだろうか、悪くなっていくのではないだろうか？　と不安になるのは母親なら当然なことだと思います。しかし、その不安が子供のアトピーを悪化させているのです。お母さんの不安はすぐ子供に伝わります。不安を抱いて子育てをしている限り、子供のアトピーは改善してはいきません。皮膚は心理面の影響を強く受けるからです。

我が子を信じることです。我が子の育つ力を信じることです。信じる強さがなくては、アトピーは勿論のこと子育てはうまくいきません。」

そうは言っても、母親の心は千々と乱れていたに違いありません。しかし、そんな母親が突然変わったのです。

心音セラピーを始めて1ヶ月ちょっと過ぎたころ、この子は私が守ると母親が決断しました。するとどうだろう、子供が一変したのです。

これまでは、待合室で待っているときはまったくの無表情でいつも体をぼりぼりとかきむしり、一言も喋ることのなかった子供が、キャッキャと大きな声で笑い、周囲にも笑顔を見せるようになったのです。

当初、母親になりきれていない弱い母親と思っていた私でしたが、この母親の劇的な変貌には少なからず驚きました。そして、母親が変わると子供がこうも変わってしまうのか……と、余りの子供の変わりように私は感動すら覚えました。

我が子の問題になると母親は本当に強くなります。私は本当に心の底からうれしくなりました。また、ひとつ教えられました。教えてもらいました。

「この子は私が守る」と言い切った母親は、後日、私に次のように言いました。

「子供の不安は私の不安だったのですね」

子供が元気に笑顔で夫に懐いてくると、夫は我が子の急な変貌ぶりに驚くと同時に、子供と話したり、接したりすることが楽しくてたまらなくなり、子供を中心にして、嫁と姑、夫婦の関係が円滑になり、笑顔が絶えることがなくなりました。

子供が変わると、家庭がひとつにまとまり、皆が笑顔で、幸福に満たされるようになったのです。この引き金を引いたのが心音セラピーです。**心音セラピーには社会を変える力がある、**と私が言う所以です。

子供の大まかな経過を以下に記します。

まず最初に、尿や便が臭くなり、大量の便の排出、よく眠るようになる。心音セラピーをおこなって1ヶ月過ぎた頃、緑色の便が大量に排出、このあたりから元気になってくる。

2ヶ月過ぎた頃、40度の高熱、寝汗、大量の便の排出。

3ヶ月過ぎた頃から、抱いた時にずっしりと中身が充実してきた。

5ヶ月過ぎた頃、顔、お腹の湿疹が消失、湿疹は背中のみとなる。その後、37～38度の微熱を繰り返す。

9ヶ月過ぎた頃、黒っぽい便を大量に排出。

心音セラピーを週2回のペースで、1年と2ヶ月で皮膚の赤みや痒みが消失し、キレイな皮膚になる。

後日談があります。当院のスタッフが、母親と小学生高学年になったこの子が、笑顔で手を繋いで歩いているところを目撃したそうです。このことをスタッフから聞いたとき、私は心音セラピーを開発して本当に良かったと、心底より思いました。命をかけて我が子を守った母親と、それに呼応した子供の深く結ばれた崇高な母子の絆に、私は深く感動しました。

●多動　生後1歳3ヶ月の男児

とにかく落ち着きがない。いつも動き回り、身の回りの物を手当たり次第に触っては壊し、その存在は周囲に不快感を与える。栄養状態はよく、栄養過多でやや肥り気味。母親は断乳できずに授乳を続けている。

心音セラピーは週1回のペースで3ヶ月半が経過した頃、急に男児が変わりました。そのきっかけは、母親の心境の変化にありました。これまでは母親の都合に合わせて治療に通っていたのが、我が子のためと思うようになった途端に、断乳がスムーズにでき、子供が変化してきたのです。

そうすると、これまであまり孫に近づかなかった祖父や祖母が急に孫を可愛がるようになり、夫も早く帰宅するようになって夫婦の仲も円満になりました。子供が変わったことによって、家庭の中に幸せのオーラが漂ってきました。子供には、家族関係や家族全体を変える不思議な力があるのです。

先日、私は母親から沖縄旅行のお土産を頂きました。

「やっと、家族で一緒に旅行ができました。この子は飛行機の中で暴れることなく、泣くことなくおとなしく坐っていました。

家族一緒に楽しく過ごすことができました。本当に、ありがとうございました」

私にとっては、沖縄のお土産もさるものながら母親の心からの笑顔が何よりもうれしかった。

男児の劇的な変化によって、母親は自信を取り戻しました。そして、次男を授かりました。次男は生後1ヶ月から心音セラピーを始め、元気にスクスクと育ち、生後13ヶ月を無病で経過しました。

今は、二人の子供は元気に育ち、母親は育児支援の活動を精力的におこなっています。

●明治初期の日本の死の風景

「日本の女は一般に早老で、35歳を過ぎるとシワが寄ってしまうのだが、シワだらけで腰が曲がった老婆たちには特有の魅力があって、一度見ると忘れられない。女の一生は日本では服従の連続といわれるが、後半生での服従は名目に過ぎない。子供が成長して嫁をとり、自分は隠居するとなると、女には自由で幸福な老年が訪れる。嫁に家政の実務をゆずりながら実権は保有しているし、息子夫婦にかしずかれて安楽な暮らしを送る。芝居見物、寺社詣りなど、毎日は娯しみに満ちている」

「日本人の死を恐れないことは格別である。むろん日本人とても、その近親の死に対して悲しまないというようなことはないが、現世からあの世に移ることは、ごく平気に考えているようだ。

かれらはその肉親の死について、まるで茶飯事のように話し、地震火事その他の天災を茶化してしまう」

「死は日本人にとっては忌むべきことではけっしてない。日本人は死の訪れを避けがたいことと考え、ふだんから心の準備をしているのだ」

「いつまでも悲しんでいられないのは日本人のきわだった特質のひとつです。生きていることを歓びあおうという風潮が強いせいでしょう」

『逝きし世の面影』（渡辺京二）より引用

欧米人が驚くほど、死を大らかに受け入れ、安らかに死を迎える「死の文化」が見事に花開き、社会に根付いていたことが分かります。しかるに、今現在のこの状況は？欧米人たちが驚くほど死を大らかに受け入れ、安らかに死を迎えていた民族が、わずか150年の間に、なぜこのように変貌したのでしょうか？

日本は、死の文化すらないほどの低文化国家になり下がってしまったのでしょうか？死を怖れ、拒絶するような愚かな民族になり下がってしまったのでしょうか？

●日本人の死生観

昔から日本人は、人生とは儚（はかな）いものであることを悟り、死ぬと清らかで、万物を超越した存在になる。また、善人も悪人も、死ねば潔白で、みんな「仏」になると考えてきました。死を敗北としてではなく、生の延長線上に大らかにとらえていました。

明治初期のころの日本人の死に向かい合う姿に、欧米人たちが感嘆したのはそのためです。早川友久（李登輝 元台湾総統 秘書）さんは、日本人と中国人の精神性の違いを台湾の民主化を成し遂げた**李登輝元総統**の言葉として以下のように紹介しています。

「未知生、焉知死（えんち）（未だ生を知らず、焉（いず）くんぞ死を知らん）」『論語』の中のこの有名な一文を、氏はごくシンプルに「まだ生について十分に理解していないのに、どうして死を理解できるだろうか」と解釈し、ここに日本人と中国人の精神の決定的な差があると述べています。

日本人は「死」を大前提として、限りある生のなかで如何にして自分はこの生を意義のあるものにしていくか、はたまたどれだけ公のために尽くすことが出来るか、という「死」を重んじた精神性を有している。

一方で、中国人の精神性は「まだ生について理解できていないのになぜ死を理解できるか」と正反対です。

そのため生を理解するために生を謳歌しよう、という発想が出てくる。「死」という限られたゴールがあるのであれば、それまでにめいっぱい生を堪能しようという考え方です。

こうした論語的な発想があるからこそ、中国では「いまが良ければそれでよい」「自分あるいは家族が良ければそれでよい」という**自己中心的な価値観や拝金主義**がはびこる原因になったのではないか。**「死」を前提とし、「いかにして公のために」という日本人的な発想**とは根本的に異なる。」

●野口晴哉師の死　死生観

野口晴哉師の最後を看取った妻の野口昭子さんは、『回想の野口晴哉朴歯の下駄』のなかで次のように記しています。


「私は、先生（夫の野口晴哉のこと）が私に遺してくれた最大の教えは、あの亡くなる二日前に、はっきりと示してくれた魂の離脱だと思っている。

あの時、私は何故一人きりで離れて座っていたのだろう。先生は何時もの椅子に斜めに腰かけて、陶然と何を夢みていたのだろう。微かな笑さえ浮かべて……。その時だった、すうっと一筋の白い煙のようなものが先生の背後から立ち昇っていったのは。

死とはこういうものさ。

私は今でも、先生がそう語りかけているような気がする」

生きているということは、魂魄が合体していることであり、死とはその分離です。魂は天に昇る霊、魄は白骨として土に還っていく霊、人間が死ぬと頭頂部から魂が抜け出す。銀色のひものように見えることからシルバーコード（銀色のひも）と呼ばれています。野口晴哉師が亡くなる二日前に、夫人の野口昭子さんが見た「背後からすうっと立ち昇っていった一筋の白い煙のようなもの」、これがシルバーコードです。

野口晴哉師のように自らの死を他に依存することなく、見事に死んでいく人も稀にいるが、多くは他に依存し手を煩わせながら死んでいきます。野生動物のようにはいきません。自分一人では死んでいけないのもまた事実なのです。

また生と死を、野口晴哉師ほど的確にとらえた人を他に私は知りません。以下に、その言葉を幾つか紹介します。

「生き切った者にだけ　安らかな死がある」

「生の尊いのは　死の厳粛なためだ」

「生は　いつも死によって輝く」

「死に怯える人がいる。

その人の生に　輝きなきためだ」

「生あるが故に　死あり
死あるが故に　生ある也
何れにせよ　自然の要求也
之に順応すべし　覚悟すべし
生死別ならずして一也」
「人の死ぬことを知って生きる者は、いつも人生に誠実である。
人はいつか死ぬことを覚悟して生きる者は、養生の人である」

極めつけは、**死の4日前**に胸部禁点という鳩尾（みぞおち）の少し下に**硬結**が現れることを見つけたことです。この部位に硬結が現れると、事故であろうと、病気であろうと、何であろうと、その4日後には必ず亡くなると言われています。

しかし難点が一つあり、それは、誰でも触って分かるものではなく、名人芸を要することです。名人芸は科学的再現性がないので、現代医療からは認められないとは思いますが……。

このことを知っていた私は、歌手の島倉千代子さんが死の3日前に録音した「からたちの小径」には大変に驚きました。死の3日前ということは、もう死の徴候がその身体には刻まれています。「あの世」に片足を突っ込んだような状況下で、島倉さんは「からたちの小径」を歌ったのです。まさに、奇跡としか言いようがありません。

●島倉千代子　死してなお人々を癒す

２０１３年１１月に肝臓がんで死去した歌手、島倉千代子さん（享年75歳）の遺作「からたちの小径」は、亡くなる3日前に自宅でレコーディングされた最後の新曲です。作詞は喜多條忠、作曲は南こうせつ。まさに命を燃やして吹き込まれた、最期の輝きのような一曲です。告別式の場で初めて流され、反響を受けて緊急発売されました。

シンガー・ソングライターの南こうせつさんは、「自分の人生を振り返ってみて、また歌手としてふり返ってみて、今までの集大成のような歌です。島倉さんご本人も歌い継いで欲しいと言ってくれました。

コンサートで歌うと、ファンの皆様から、こうせつの声で聴きたいと背中を押されて、自然な流れでレコーディングに進みました」とコメントしています。

早速、そのCDを買い求め、聴いてみたところ、まさに魂の歌声でした。何の衒いも力みもなく、生命の残り火で淡々と歌っていました。「この曲は、この歌声は、患者さんの心の奥底に、魂に響くに違いない！」こう直感した私は、早速、患者さんのツボにこの曲を流してみました。ストレスで身体が疲れ果てている人、人間関係で悩んでいる人、処理できないほどの怒りや悲しみの感情を押し殺して体調をこわしている人などに。この治療をおこなうとき、私の心の中には次のような島倉さんの声が聞こえてきます。

「確かに、生きることは苦しいわね。いろんなことがあるものねぇ……。現に、私にもたくさんあったわ

でもね、あなた

クヨクヨしても何も始まらないわよ

生きていることは素晴らしいことよ

さあ、元気を出して！

そして、笑顔で明日に向かって頑張りましょうね」

「からたちの小径」は、自らの人生を生き切った島倉さんへの神様からのご褒美であり、人生の艱難辛苦(かんなんしんく)を乗り越えた島倉さんからの今に生きる私たちへの応援歌そのものです。

●父の死(91歳)

平成15年8月、父は亡くなりました。享年91歳。「死ぬことは少しも怖くない」と、生前の父はよく口にしていました。しかし、実際はそうではなかったのです。

90歳の冬、これまで病気らしい病気に罹ったことのなかった父が突然に脳血栓を患い、これまでの理路整然とした言動が一気におかしくなりました。父にしてみれば、死への旅立ちへの準備や予定がすべて狂ってしまったに違いありません。気のふれた状態になり、突然大声を張り上げたり、家から飛び出して雨の中を叫びながら走り出したりするようになってしまったのです。

終末医療で大事なことは**心と身体を乖離（かいり）**させないことです。そのためには、栄養を落とすことが大事になってきます。逆に、点滴などで栄養を過剰に補給してしまうと心と身体が乖離してしまいます。心と身体が乖離すると精神や人格に異常をきたし、死に際に泣き叫んだり、聞くに堪えない汚い言葉や暴言を吐いたりすることがあります。あの人格者だった父が……母が……。生前の尊敬の念は消え失せ、後味の悪い印象が家族の心の中に強く刻み込まれてしまいます。

私はこのことを熟知していたので、父には点滴で栄養を補給する治療はいっさいおこなわず、体の自然の要求に委ねました。確かに、父の体重は落ちていったが次第に意識レベルが改善されていきました。鯖の腐ったような白濁した眼は次第に生気を取り戻し、異様な言動も消失していきました。

看病、治療の最中に、父は91歳の誕生日を迎え、父の91歳を祝って、7月末に熊本と地元の大分の二か所で誕生パーティーを開きました。熊本では３０人以上の人たちが集まり盛大であったが、私には故郷での「梅乃屋」という父の行きつけの割烹旅館での祝賀会が強く印象に残っています。父が人選した４名（お寺の住職、町長、昔の教職仲間、同級生）のうち一人（同級生）は私用で欠席したが、熊本から私を含め8名の合計11名が参加しました。

祝賀会まで多少時間があったので、熊本からの参加者と共に宇佐神宮を参拝しました。車いすを押しながら、長い石段では父を背負って私は父と親しく語り合うことができました。父を背負い汗だくの私は冗談っぽく言いました。

「親孝行も楽じゃないね」

こんな私の言葉に、父は間髪を入れずに小さな声ではあったがハッキリとした口調で切り返しました。

「子育てはもっと大変だよ」

長年にわたって、親不孝の限りを尽くした私にはたいへん耳の痛い父の言葉でした。

祝賀会では、父は気丈に振舞い、笑顔で故郷の親しい人たちとの旧交を楽しみました。熊本から参列した女性たちは皆元気で、父の周りは常に笑い声が絶えませんでした。故郷の親しき人たちとの最後の別れを胸に秘めて、父は背すじを真っすぐに伸ばし最後まで崩れることはありませんでした。

祝賀会も無事に終わり、車中で横になった父に尋ねました。「家に一度寄ってみる？」

実家まで車で数分のところではあったが、父は首を横に振り家には近づこうとはしませんでした。性根尽き果てたのか、熊本へ帰る車中で父はグッタリと身動き一つしませんでした。否、できなかったのです。

熊本に帰ってから再び通常の生活に戻り、姉の看病と私の治療が続きました。そんな或る日、看病を続ける姉が父に尋ねました。

「何か思い残すことはないの？」

父は即座に言い切りました。

「何もない！」

故郷での祝賀会が終わって数週間が過ぎた頃、父は好物のウナ重を二人前ペロリとたいらげ、一緒にいた姉がびっくりする程の食欲でした。その数日後、急に食欲がなくなり、体重が落ち、体力が一気に低下しました。車に乗る気力も体力もなく寝たきりとなり、後は死を待つばかりとなりました。

死を直前にして、私は父に声をかけました。

「実家の大分に帰る？」

父は小さく頷きました。

しかし父を実家に帰すには、死亡診断書の問題がありました。脳血栓を罹ったときに往診してもらった豊田医院の豊田先生にその旨を電話で問い合わせたところ、豊田先生は快諾して下さりました。これで全てが整いました。後は、迫りくる死をただ待つだけです。

実家に帰ると、父は姉たちの手によって洗い晒しの浴衣に着替えさせられ、床に横たわりました。安堵したのか、父の姿が一瞬大きく見え、安らかな表情に一変しました。死を迎えるに当たっての最後の注意点を姉たちに指示した後、私は父の耳元で小さく囁きました。

「明日は仕事だから今から熊本に帰る。今日が最後になると思う。今度、実家に帰るときは葬式のときになるよ」

翌日、看病する姉から電話がかかってきました。

「呼吸がおかしい。呼吸が荒くなってきた。どうしたらいいの？」

「静かに見守るだけでよい。

下顎で呼吸するようになったらすぐに連絡するように」

しばらくして、姉から再び電話がかかってきました。

「顎で息をするようになり、今にも呼吸が止まりそう……。」

父の耳元に電話をもっていくように、私は電話口の姉に頼みました。

「お父さん
ありがとう！　ありがとう！　ありがとう！」

息も絶え耐えの父に向って、私は感謝の気持ちを涙ながらに連呼しました。電話口から姉たちの鳴咽する声が伝わり聞こえてきました。


葬式は日曜日でした。土曜日まで仕事を一日も休むことなく続けて、日曜日の朝早く大分の実家へ熊本から車で向かいました。私が仕事を休まなくてすむように葬式が日曜日なるように死んでいった父（母も同様です）。最後の最後まで計算づくに死んでいった父でした。

父の葬式にて、私は喪主として参列者の方々に挨拶をしました。涙で言葉に詰まりまがらも亡き父への熱い思いを述べました。

「父は、本当は脳血栓で倒れたときに死んでいたにちがいない。親不孝ばかりで、何も親孝行らしきこともしていないのに、なぜ死んだ、と父の墓前で私が余りに泣くものだから、三途の川の手前の父は当惑したに違いない。

このままでは安心してあの世にも行けない。

そう思った父は、バカ息子のために親孝行の真似事でもさせてやろう、と最後の力を振り絞り、私に親孝行の真似事をさせてくれるために1年間程、生き抜いてくれました。

そんな父を心から尊敬している。父から受け継いだもののひとつに優しさがある。この優しさを、私は多くの人達に注いでいきたい。強いては全世界に」

●認知症の男性の死（82歳）

初診は平成26年9月。高血圧、パーキンソン病、認知症などの病名で某病院から処方された7種類の薬を服用、3種類の降圧剤で血圧は上が120～130、下は70～80でコントロールされていたが、少し血圧を下げ過ぎていると感じたので、降圧剤の服用量を2ヶ月後に半減する。さらに半年後には、これまで飲んでいた7種類の薬をすべて中止し、当院からの漢方薬と1剤の降圧剤だけに減薬する。

血圧は上が180前後、下が90前後、高いときには上の血圧が200、下の血圧が100を超えることも多々あったが、過剰に血圧を下げずに身体を漢方薬と鍼治療で整えることを優先する。

認知症は次第に進行してゆき、家族（娘さんと妻）との意思疎通はあまりとれなくなる。しかし、性格が温厚なので家族の手を必要以上に煩わすことなく、比較的穏やかに過ごしている。ときおり、自宅の室内での夜間徘徊が見られる。一度だけ、外への夜間徘徊があり大騒動したことがあった。当院に受診する少し前から、週に3回デイサービスに通っている。

平成30年の春過ぎころから体重が徐々に落ちてくる。身体はゆっくりと死に向かっていると感じたので、心の安らぎ、癒し目的に島倉千代子さんの「からたちの小径」を「ツボ」に通電する治療を開始する。治療後、家族との意思疎通の方は少し改善し、夜中に起きて部屋中をウロウロしているときに、言って聞かせると、「分かりました」と言って自分の部屋に戻るようになる。また、意識がシャープになったときには、「お父さんは頭が少しおかしくなった」と自分で言うこともある。

食事は放っておくと食べないが、食べるように促すといくらでも食べる。緊急を要するような病気（高熱、腹痛、下痢、血圧の急上昇、心臓発作、脳溢血など）をすることなく平穏に過ごしている。

一方、介護施設や老人ホームなどに入所している高齢者が、肺炎、高熱、急激な血圧の上昇などによって病院に搬送されることがよくあります。入院すると、病院から家族が呼び出されて病院での世話にたいへんな労力と時間を要します。老老介護だとその心労もひとしおです。入院が長期にわたると、また新しい介護施設や老人ホームを家族の手で探さなければならなくなります。どんどんと悪循環に陥って、介護・世話をする者は身も心もクタクタに疲れ果ててしまいます。

私のクリニックに通院している患者さんに、夫をサービス付き高齢者住宅に入居させている70代の女性の方がいます。経費は月に16万円ほどかかるそうだが、夫が肺炎などで高熱を出してよく施設からお呼びがかかるそうです。その都度、受け入れてくれる病院を探し、病院での世話を一人でおこなっています。施設はすべてを家族に押し付け、何ら手助けをしてくれないとたいへん怒っています。また、県や市、国は、このような高齢者の現状をどのように考えているのか、何ら有効的な政策がとられていないと、とても憤慨しています。

高齢者によく見受けられるこのような悪循環に陥らないために、私が心がけていることの一つに服用している薬を減らすことがあります。4剤以上の薬を飲んでいると、薬の相互作用で体はいろんな変調をきたし、効果よりもデメリットのほうが大きくなります。

それ故、高齢者とくに80歳過ぎの高齢者の治療では薬を4剤以下に減らすことはたいへん大事なことです。医療先進国と言われるアメリカやドイツでは、「4剤以上の薬を飲まされている患者は、医学の知識が及ばない危険な状態にある」と多くの医師は認識しています。

平成30年の夏の猛暑は何とか乗り越したが、11月にはいってから更に体重が減少する。余りに痩せてきたので、デイサービスの介護士さんから病院で点滴を受けるように強く指示されたが、私はそのような必要はないと介護する娘さんにアドバイスする。安らかな死を迎えるには、本人の自然の食欲に委ねるべきで、過剰な栄養補給はかえって余計な病気の引き金になりかねない。

介護施設や老人ホームなどで食欲のない、自力で食べられない高齢者に、介護士さんの手でスプーンを使って食べさせている光景をよく見かけるが、一見親切な行為のように見えるが私は**残酷**だと思う。日本の老人介護施設や老人ホームも、欧米のホスピスのように入所者の食欲がなくなった時点で医師から牧師へバトンタッチするのを見習うべきである。

介護する娘さんに聞いてみると、**介護で一番困っていたのが頑固な便秘**だそうです。

一週間は平気で排便がないとのこと。漢方薬では今一つ効果がなく、週に一度は浣腸するようだが、それでも排便がないことがある。その時には、強い下剤を肛門科の専門医から処方してもらっているとのこと。

しかし、飲ませると強い腹痛を訴えて、何度もトイレに駆け込んでトイレの中からなかなか出られないのがかわいそう、と。鍼治療もうまくいかずに困った状況が続いていたが、私がお腹に溜まった電磁波を抜く治療ができるようになってから排便がたいへんスムーズになってきた。治療の翌日にはオムツからはみ出るほどの大量の排便があり、「介護がたいへん楽になりました。本当にありがとうございます」と、介護する娘さんからたいへん感謝されました。

寒さが身に染みる12月になると、さらに体重が落ち、食欲も落ちてきた。家の中では寝ている時間が長くなり、デイケアに行っても殆ど寝ているとのこと。

平成最後の年が明けた1月には、娘さんに脇を抱えられながら自力でクリニックにまでヨロヨロしながらも何とか歩いて来る。しかし徐々に体力が落ちていき5月末に、発熱でついに歩けなくなり自宅で寝たきりになる。

自宅に往診に行くと、ベッドの上で眼を閉じたまま静かに寝ており、私が呼びかけても言葉を発することはなく、微かに眼を開けるがすぐに閉じてしまう。手を握っても殆ど反応はない。体温は37．2度、血圧は上が180、下が98、食欲はなく、食べるものはお粥や魚の身をほぐしたもの、フルーツ、野菜ジュースなど。食べる量は小皿一杯ほど、食べている途中で寝てしまう。発熱に対して、浣腸の指示と漢方薬の小柴胡湯を処方する。

このまま寝たきりになり後は死を待つだけと思っていたが、翌週には熱も下がり、近所の女性に手伝ってもらって娘さんと二人がかりで両脇を抱きかかえられてクリニックに通って来た。これには、さすがに私はたいへん驚いた。

早速、お腹の雷磁波治療をおこなう。翌日には、浣腸しても水状のものしか出てこなかったのに、こんなにも出るのかと驚くほどの大量の排便があった。

翌週、意外と元気よく来院。大量の排便があったせいか心もち表情も明るかった。血圧は上が170、下が88。次の週もまた、娘さんに支えられて来院。前回の電磁波治療の後、初めて一週間で驚くほどの大量の排便が2回あったとのこと。そのためか、父親は世俗の穢れが一気に抜けてしまったかのようにスッキリと爽やかな表情になった。**飛ぶ鳥跡を濁さず、**とはこういうことを言うのか……。

9月に入ってからは車イスで来院するようになる。

11月下旬になると、クリニックへの通院が困難になるほどに衰弱してきたので、通院が無理そうならば往診にいきますよ、と娘さんに伝える。

12月になるとデイケアに通うのも困難となり、自宅での訪問介護になる。食欲はまったくなくなり、水を少し口に含む程度に。そして、12月中旬に高熱とともに大量の汗をかいてこの世の最後の垢を落として、翌日の深夜に自宅で家族に見守られながら静かに息を引き取る。とても安らかな死に顔でした。死亡診断書には、老衰と記す。

ちょっと不思議な出来事が……。

それは、亡くなる前日の午後9時過ぎに、私がテレビを観ていると、急にこれまで嗅いだことのない芳純な薫りがしました。ほんの一瞬だったが……。あれ、何？　この薫りは……？　不思議に思っていると、そのおよそ5時間後に息を引き

とったという知らせを受けました。別れの挨拶に来たのかも……？

「親孝行したいときに、親はなし」という言葉があります。親が亡くなった後に、もっと親孝行しておけばよかったと思ってももう親はいません。後悔ばかりが残ってしまいます。当ケースでは、生前に父親は「ありがとう」と娘さんの手厚い介護にとても感謝していました。

●二十五三昧講の現代版

確かに、見事な死を遂げる人はいます。しかし世の中には、自らの力では自分の人生を終えない人もたくさんいます。否、そういう方が殆どです。周りから忌み嫌われ、やっと死んでくれたと周囲がほっと安堵するような死に方をする人もいます。

しかしこのような人ですら死の間際の看取りによって、魂が浄化されて、安らかに、感謝の言葉を残して、あの世へと旅立つことができます。私は、このことを母の死によって実感をもって理解することができました。

鎌倉時代に、高野山の麓で俗世を捨てた老人たちが、安らかな死を迎えられる相互扶助システムをつくっています。それが、「二十五三昧講（さんまいこう）」です。死にゆく人を残りの全員が手厚く介護し、枕元に仏像を置いた部屋で二十四時間誰かが常に付きっ切りで安らぎの言葉をかけ、死への恐怖や不安、現世での怨み、辛みを取り除いてあげています。死という現世での最後の総仕上げを皆で知恵を絞り、協力してあの世へと旅立たせたのです。

私が提唱する「二十五三昧講の現代版」は、**高齢者の、高齢者による、高齢者のための**看取りです。

子供たちに面倒をかけることなく、現代医療の過剰介入を受けることなく安らかに、魂が浄化されて死んでいく看取りができる相互扶助システムです。今のように若者に高齢者の介護を任せるのは無理があります。若者が年老いた者の気持ちを理解するには限界があるからです。年老いた者だと、明日は我が身と思えるからこそ、痒いところに手が届く介護ができるのです。

「二十五三昧講の現代版」には、まだその先があります。それは25人集まると、一人ぐらいは無償で世話をする余力がでてきます。その余力で、身近で生活に困っている独居老人や独り暮らしの高齢者の中から一人だけお金の不足に関係なく講の中に入れて面倒をみるのです。

人生はいろいろ、勝ち組があれば、当然負け組もあります。負け組にも様々、努力しても報われないことだって多々あります。本人の努力だけではどうしようもないことだってあります。

人は、この世に苦労を味わうために生を受けているのではないでしょうか。それは、何かに気付くため、気付かせるため、と最近ではつくづくと思うようになりました。そして最後は、魂を浄化してこの世を旅立っていくのです。

「飛ぶ鳥跡を濁さず」、悲しみや遺恨（いこん）、怒りなどを残して旅立たせてはいけない。その最後の総仕上げのお手伝いをする、お手伝いをさせてもらうのが、私が提唱する「二十五三昧講の現代版」です。

安らかな死を迎えるには、一日でも早く私が提唱する「二十五三昧講の現代版」を皆さんの手でつくることです。じっと待っているだけでは何も得られません。医療が変わるまでとか、国や自治体が何かやってくれるまで待つなどと悠長に構えていては何時まで経っても何も変わりません。

その気になって、**やる気、本気**をだして、貴方が、動く。そして、隣の人を動かしてください。隣の人が動かないからと諦めないでください。隣の人が動かなければ、その隣の人を動かしてください。それでも動かなければ、次々と動く人を多くしてください。

誰の裡(うち)にも風を起こす力はあります。
変えるのは貴方です！
貴方が動けば、この混迷した日本が変わります。

おわりに

「ゆりかごから墓場まで」（from the cradle to the grave）は、第二次世界大戦後のイギリスにおける社会福祉政策のスローガンです。人生の始まりと終わり、つまり「子育て」と「看取り」です。

では、今日の日本の「子育て」と「看取り」はどうでしょうか？

ハチャメチャで、混沌の極みに陥っています。虚弱な子供の何と多いことでしょう、子育ての不安を抱えている母親の何と多いことでしょう。終末期医療に至っては口に出すのも憚（はばか）られるほど悲惨です。いつから日本は、子育て文化、死の文化がないほどの低文化国に成り下がってしまったのでしょうか？

今から150年ほど前の日本を訪問した欧米の異邦人たちが口を揃えて絶賛した「子供の楽園」とまで称賛された子育て文化、死を大らかに受け入れ安らかに死を迎える死の文化は一体どこにいってしまったのでしょうか？

貴方は想像してみたことはありますか？

笑顔で、明るく、元気よく自分の将来の夢を語る子供。死の間際に、「ありがとう」

の言葉を残し、魂が浄化され安らかな死を迎える高齢者。このような子供や高齢者が巷に溢れた日本を、日本社会を。一昔前には、ごく当たり前の光景だったのですが……。

たかが、「子育て」、「看取り」ではない。明るい、希望のある新しい日本をつくるための起爆剤、日本再生の切り札、それが「子育て」であり、「看取り（終末期医療）」です。

大正時代に起きた米騒動をご存知でしょうか？　富山県の小さな漁村の十数人の主婦たちが米屋に押しかけ、安売りを要求したのが事の始まりです。この小さな火の手は瞬く間に全国へ飛び火し、当時の内閣が総辞職にまで追い込まれました。

その発端は、なぜ毎日汗水垂らして真面目に働いているのにお米が買えないの？　何かおかしい、どこかおかしい？　という**平凡な主婦の素朴な疑問**から始まりました。貴方の素朴な疑問こそが、今の混迷の極にある日本社会をうごかす原動力です。決して、テレビや雑誌などで偉そうに語っている学者や政治家、評論家らではありません。21世紀の新しい神話は、日々の生活に根付いた平凡な母親や女性たちの手によって創られます。

私なんかにそんな力があるなんてとても思えない……、と思ってはいませんか？

バタフライ効果（butterfly effect）をご存知ですか？　ブラジルで蝶が羽ばたくとテキサスで竜巻が起こる。わずかな変化が、その後の系の状態を大きく変化させる現象、カオス理論です。

＊＊ あなたのほんの些細な動きが、日本を、世界を動かすのです ＊＊

参考文献

野口晴哉『育児の本』（全生社）
野口昭子『回想の野口晴哉』（全生社）
渡辺京二『逝きし世の面影』（平凡社）
金重哲三『末期ガンは手をつくしてはいけない』（中経出版）
長尾和宏『「平穏死」１０の条件』（ブックマン社）
結城康博『孤独死のリアル』（講談社）
石飛幸三『「平穏死」のすすめ』（講談社）
中村仁一『大往生したけりゃ医療とかかわるな――自然死のすすめ』（幻冬舎新書）
和田秀樹『医者よ、老人を殺すな』（KK ロングセラーズ）
宮本顕二　宮本礼子『欧米に寝たきり老人はいない』（中央公論新社）
三角大慈『母子の絆を強くする心音セラピー』（KK ロングセラーズ）
野口晴哉『風声明語』（全生社）
日野原重明『医と生命（いのち）のいしずえ』（同文書院）

著者紹介

寺田寅彦『日本人の自然観』（オンデマンド）
近藤誠『最高の死に方と最悪の死に方』（宝島社）
和田秀樹『六十代と七十代　心と体の整え方』（バジリコ株式会社）

ゆりかごから墓場まで

著 者：三角　大慈（みすみ　たいじ）

昭和25年大分生。山口大学医学部卒。学生時代より生命不在の現代医学に矛盾を感じ、真の医療の樹立を目指す。1981年に「天然医学」主宰。45年の歳月をかけて音による癒し・NAM治療を確立、2007年に心音装置［mama heartone 932］を開発。現在、福岡にて「みかどクリニック」を開設。

著書に『奇跡の量子医療』（ヒカルランド）『脳と古事記17神』（ヒカルランド）『母子の絆を強くする心音セラピー』（KKロングセラーズ）『胎内革命』（22世紀アート）その他多数。

2024年3月　第1刷　発行

発行所　㈱海鳴社　〒101-0065　東京都千代田区西神田２－４－６
Tel.：03-3262-1967　Fax：03-3234-3643
Eメール：info@kaimeisha.com
http://www.kaimeisha.com/

発　行　人：横井　恵子
組　　　版：海　鳴　社
印刷・製本：モリモト印刷
装丁デザイン：ささきゆうこ

出版社コード：1097

ISBN 978-4-87525-363-1　落丁・乱丁本はお買い上げの書店でお取り換えください

◇　海鳴社の医学書　◇

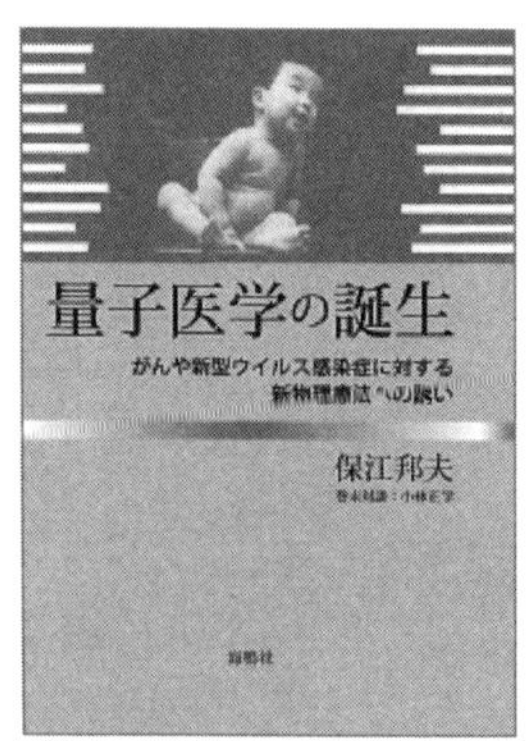

量子医学の誕生

がんや新型ウイルス感染症に対する新物理療法への誘い

近未来医療は既に動き出していた！
人類を、がんや未知の新型ウイルスから守るための最後の砦、それは最先端の量子物理学にあった。

保江邦夫著
/46 判上製 160 頁 / 本体価格 1800 円
/ISBN:978-4-87525-353-2

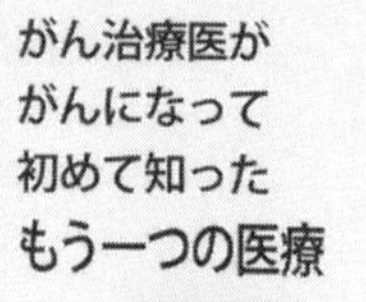

がん治療医ががんになって初めて知ったもう一つの医療

■大腸がんを克服した著者の前作『量子医学の誕生』の続編ともいえる待望の一冊。
■多くのサバイバーが「がんになって良かった」と言う。がんは多くの気づきを与えてくれ、生き方を変えるきっかけを与えてくれるからだ。

小林正学・保江邦夫著
46 判 並製 200 頁 / 本体価格 1500 円
ISBN:978-4-87525-355-6

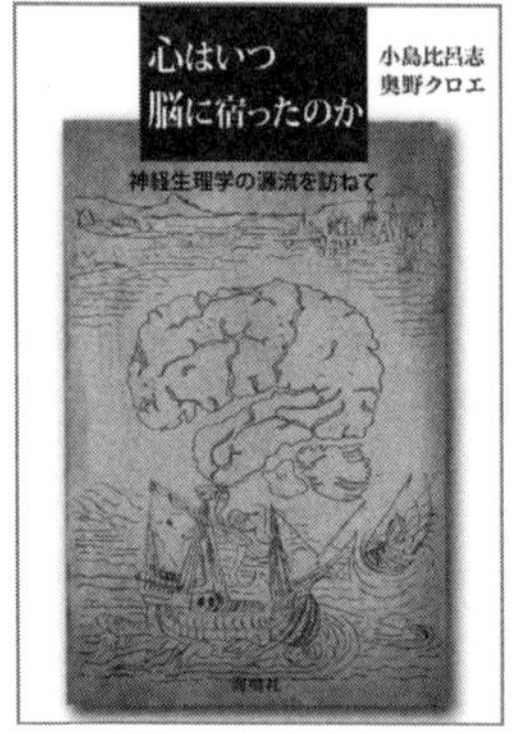

心はいつ脳に宿ったのか

－神経生理学の源流を訪ねて－

古代エジプトから量子力学の応用まで、
「心」のありかを探る壮大な歴史

小島比呂志、奥野クロエ著
A5 版上製 360 頁 / 本体価格 3500 円
ISBN:978-4-87525-334-1